知的生きかた文庫

# １分で子どもにウケ
# すごい雑学

坪内忠太



三笠書房

はじめに

# たった1分で会話が盛り上がる、「すごい雑学」の世界へようこそ！

子どもからの質問攻撃はスルドイ。「イヌの鼻はなぜいつも濡れているの？」と聞かれたらどう答える？　いざ答えようとしても、なかなか難しいのではないでしょうか。

私たちが日常生活で何気なく目にしていて、当然知っていると思っていることでも、その「仕組み」や「理由」を正面切って尋ねられると、言葉に詰まってしまうということは案外多いものです。

そんな質問にユーモアを交えながら答えられ、大人も子どもも一緒に楽しめるとびきりの雑学ネタを241個用意しました。例えば……

●動物園のクマは冬眠するか？
●ウサギの耳を、なぜ持ってはいけないか？

●耳の穴に指を突っ込むと聞こえる「ゴーッ」という音の正体は？
●電話で話しているとき、なぜメモ用紙に図を描いてしまうか？
●夕立の雨は、なぜあんなに超大粒か？

など、意外なその質問、思いもよらないその答えに、家族みんなで盛り上がることうけあいです！

そして、この本では、動物、植物から、日本語、食べもの、人体まで――幅広いジャンルのネタをあつかっています。いったん読み始めれば、「言われてみれば、確かに気になる！」「こんなワケがあったのか！」という知的興奮のスイッチが入り、あなたの脳もよろこぶに違いありません。

ひとつひとつのネタは、とても短く書かれています。毎日の「ちょっとしたすきま時間」を有意義に過ごし、楽しむためのスパイスとして、本書が役立てば幸いです。

坪内忠太

目次



# 1章

## 動物園のクマは冬眠するか？

### 【生きもの】雑学その①

# 2章

# 電話で話しているとき、なぜメモ用紙に図を描いてしまうか？

## 【人体のふしぎ】雑学

# 3章

# イカのスミとタコのスミ、同じようで同じではない？

## 【生きもの】雑学その②

# 4章

## お風呂の栓を抜くと、なぜ左巻きの渦になるか？

### 【言われてみれば気になる】雑学

# 5章

# 夏、木陰に入るとヒンヤリするのはなぜか？

## 【植物・自然】雑学

# 6章

# なぜ「魚は殿様に焼かせろ」といわれるか？

## 【食べもの】雑学

本文イラスト／BOOLAB.
本文DTP／株式会社Sun Fuerza

# 1章

# 動物園のクマは冬眠するか？

【生きもの】雑学その①

## 氷点下の南極でなぜ、ペンギンの卵は凍らないか？

ブリザード（暴風雪）が吹き荒れる南極の気温は、マイナス60度まで下がることもある。すべてが凍りつく極寒の世界だ。そこで不思議なのはペンギンの卵。そんなところで産んで凍ってしまわないのだろうか。

凍らないから子ペンギンが生まれているのだが、その秘密は、メスがオスの足の上に産むから。オスの足には羽毛がたっぷり生え、羽毛布団のようになっているのである。卵を産みつけられたオスは孵《かえ》るまでの60日間、直立不動のままじっと立っているのだ。

## パンダは笹や竹しか食べないというが、本当か？

解剖報告によると、パンダの大腸も小腸もクマのものとほとんど変わらず、草食動

物のように特別長くはない。クマの仲間は木の実を食べ、小動物を襲い、魚を食べる雑食である。パンダも、中国の調査によると、笹や竹、アヤメ、果物や木の実などの植物、ネズミやウサギなどの小動物、川魚などを食べるという。動物園のパンダも、ニンジン、リンゴ、卵、馬肉、牛乳、米、サトウキビ、きな粉、塩、砂糖などを餌として与えられているのである。

## ウサギの耳を、なぜ持ってはいけないか?

ウサギの耳は、近づいてくるキツネやイタチなどの敵にいち早く気づくために自由に向きを変えられる。また、逃げるときは耳を風に当て、空調装置のように働かせ、体温を下げ速く走れるようになっている。生きのびるための大切な器官だから、ウサギとしては、ぜったいに、引っ張ったり、曲げたりされたくない。よく、猟師が、ウサギの耳を持って運んでいる写真や絵があるが、あれは獲物だからである。

かといって抱きかかえることもよくない。ウサギにとって抱きかかえられるのは、捕らえられるのと同じなので、ものすごくおそろしいことだからだ。ペットのウサギをどうしても抱き上げなくてはならないときは、片手で体をかかえ、もう一方の手で尻を押さえ静かに抱くのがよい。

## なぜ、イヌはよそのイヌのお尻をクンクン嗅《か》いでまわるか？

イヌの世界は「匂い」の世界である。見た目より「匂い」、鳴き声より「匂い」だ。だから、よそのイヌを見つけると、いそいそと近寄り、人間の数千～数万倍といわれる超高感度の鼻を互いに近づけ、軽く挨拶し、次にお尻を嗅ぎ合う。人間でいえば名刺交換し、自己紹介をしているのだ。その「匂い」で、性別、強弱、縄張り、その他イヌとして必要な情報をすべて知ることができる。その結果、自分が格上とわかると相手の尻をなめるのである。

## なぜ、オスイヌは片足を高く上げてオシッコするか？

オスイヌを散歩に連れていくと、あちこちにオシッコをかけてまわる。他のイヌに自分の存在を知らしめる行為である。であるから、自分の匂いを消されないよう、足を上げ、できるだけ高い位置にオシッコをかける。高ければ高いほど、自分と同じか自分より小さいイヌに、上からオシッコをかぶせられる心配がない。

では、メスイヌはどうか。メスもポイントごとにオシッコをしてまわるが足を上げる必要はない。なぜなら、メスは発情のシグナルがオスに伝われば、それでいいからである。シグナルはオスが嗅ぎまわって探してくれる。

## イヌの鼻先がいつも濡れているのはなぜか？

イヌの鼻は多くの場合、冷んやりと濡れている。イヌは他のイヌの縄張りを察知するのも、餌を探すのも嗅覚が頼りだ。匂いは、匂いの微粒子によって空中を運ばれるので、微粒子をより多く集めることによって、早く、正確に匂いの正体を知ることができる。匂いの微粒子は乾燥したところより、湿ったところに集まる。だから、鼻は濡れている方が、都合がいい。鼻が

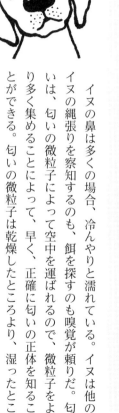

乾いていたら体調がよくないのである。

## 家の中で飼っているイヌはなぜ、外ではしっぽを股にはさむか？

ペットブームで、郊外ではイヌを飼っていない家の方が珍しいくらいかもしれない。公園はイヌの散歩コース、いろんな種類が行き交っている。そんな中に、股の間にしっぽをはさんでキョロキョロしているイヌがいる。どうしたのだろうか？

一般に、イヌは喜んでいるときはしっぽを振り、怯《おび》えると股の間にはさむ。公園で見かけるそんなイヌは、恐らく屋内で飼われているのだろう。家の外はすべて、他のイヌの縄張りなので、怯えたイヌはなるべく目立ちたくない。そこで、自分の匂いがもれないようしっぽで尻をふさいでいるのである。

## イヌは純血種より雑種の方が元気だ。なぜか？

イヌだけではなく、どんな動物でも、植物でも、雑種が親より優れた側面を持ってあらわれることを「雑種強勢」という。例えば、イノシシとブタをかけ合わせたイノブタは良質の肉食ブタであり、ロバとウマの子のラバは粗食でも病気にかからない。雑種強勢は、親のいいところを受けつぐだけでなく、ハイブリッド（雑種）酵素が形成されることがシュワルツという人の研究でわかっている。これが雑種の「元気のもと」である。純血種にはそれがない。

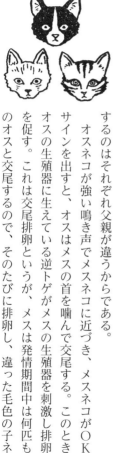

## ネコはなぜ色とりどりの子ネコを産むか？

同じ母ネコから生まれる何匹かの子ネコが、黒だったり、茶だったり、白だったりするのはそれぞれ父親が違うからである。

オスネコが強い鳴き声でメスネコに近づき、メスネコが○Kサインを出すと、オスはメスの首を噛んで交尾する。このとき、オスの生殖器に生えている逆トゲがメスの生殖器を刺激し排卵を促す。これは交尾排卵というが、メスは発情期間中は何匹ものオスと交尾するので、そのたびに排卵し、違った毛色の子ネコが一緒に生まれてくるのである。

## なぜ、ネコにドッグフードを与え続けてはいけないか?

人間の食べ残しだったらイヌ用、ネコ用の区別はない。どちらが食べても栄養豊富でお腹いっぱいになるだろう。では、ドッグフード、キャットフードはどうか。食べ残しと同じようにどっちをどっちに与えてもいいかどうか。

ダメだ。ネコはイヌと違って、どうしても取らなくてはならない栄養素があり、ドッグフードにはそれが含まれていない。その1つが魚、肉、貝類に含まれているタウリンというアミノ酸である。これが欠乏するとネコは目が見えなくなる。キャットフードにはネコに必要な栄養素が入れてあるので、ドッグフードで代用すべきではない。

## ネコはなぜ、飼い主に死ぬところを見せないか?

ネコには野性の本能が強く残っているので、弱った姿を仲間に見せると攻撃されたり、無視されたりすることを知っている。イヌの場合、飼い主は主人だが、ネコにとって飼い主は仲間なので、弱ってくると防衛本能からその姿を見せないようにする。だから、体力が極端になくなると、縁の下や木の茂みなどに身を隠して養生しようとする。しかし、本当に弱っているときはそのまま死んでしまうのだ。

## 汚れたハムスターを、なぜお風呂に入れてはいけないか？

ペットショップで簡単に手に入るハムスター（ゴールデン・ハムスター）はネズミやリスの仲間のげっ歯類だが、６５００万年前に恐竜が絶滅した後、６０００万年前の新生代にはすでに出現していた哺乳類《ほにゅうるい》の祖先である。人間も哺乳類だからわれわれの祖先でもある。もともと乾燥した砂漠にいたので、水分が大の苦手、排泄物で汚れた尻を洗ったり、風呂に入れると、病気で死ぬこともある。ティッシュでふき取るだけでよい。

## 動物園のクマは冬眠するか？

野生のクマが冬眠するのは冬の間は餌がなくなるからだ。そのため、冬が近づくと木の実、川魚、小動物を手当たりしだい食べ、厚い皮下脂肪をつける。実は、この皮下脂肪がついているかいないかで、冬眠するかどうかが決まる。皮下脂肪がなければ冬眠しない。冬眠中に死んでしまうからだ。動物園は餌の量が一定なので皮下脂肪がつかない。だから冬眠しない。

## 冬眠中のクマはウンチやオシッコをどうしているか？

冬眠する哺乳類は、日本では、シマリス、ヤマネ、コウモリなどの小動物とクマである。小動物は冬眠中も巣の外に出てオシッコをするが、クマは雪を口に入れて水分を補給することはあっても、春までまったく何も出さない。ウンチは、秋の間にたっぷりついた皮下脂肪をエネルギー源にしているので、出なくても大丈夫なのはわかるが、オシッコはどうか？

人間だとオシッコが出ないと尿毒症《にょうどくしょう》という重大な病気になって死ぬこともある。実は、クマにはオシッコをしなくてもすむシステムが体に備わっている。人間も含め哺乳動物は腎臓《じんぞう》で、血液中のいらないものを除きオシッコの中に捨てているが、冬眠中のクマはそれを腎臓でふたたび吸収し、しかも体温を一定（30度）に保つためのエネルギー源として再利用している。だから冬眠中も体温があまり下がらず、オシッコもせず、ウトウト眠ることができる。

## ネズミ算で増え続けると、ネズミだらけになるか？

〝ネズミ算〟という言葉があるくらい、ネズミの繁殖力は異常なほど強い。餌は食べ放題、天敵なしという好環境でネズミを生息させると、どんどん増え続ける。どんどん増えてどうなるか、それを実験した人がいる。

その人は広い倉庫を理想的な環境にして、ネズミのつがいを放った。すると、ネズミはネズミ算でどんどん増えたが、不思議なことに、ある数まで増えると次々に死んで急激に数が減り、最高時の3分の1になった。すると、また増え始め、やがて、また減り、これを繰り返したのである。結局、この範囲以上に増えることはなかった。

死んだネズミを調べると、脾臓《ひぞう》が腫れ、副腎に異常があった。

結論をいうと、多数でいることのストレスが原因で死んだのである。ストレスは命を奪うこともあるのだ。おそろしい。人間の場合も甘く見てはいけない。

## 肉しか食べないライオンは野菜不足にならないか？

栄養学者の川島四郎《かわしましろう》氏がアフリカ・ケニアに行ったときのことだ。かねて、「肉しか食べないライオンは野菜をどう補給しているのか」と疑問を持っていたので、早速サバンナに出かけライオンを詳しく観察した。「すると、疑問はたちまち解決してしまいました」と、漫画家のサトウサンペイ氏との対談で述べている。

シマウマをしとめたライオンは、まず、シマウマの肛門から食い破り腸をガツガツ食べ始めたのである。草食動物の胃や腸には消化中の草が詰まっている。ライオンは胃や腸と一緒にこの草をたっぷり食べていたのだ。その上、生肉にはたんぱく質や脂質のほか、炭水化物、ミネラル、ビタミンといった栄養素が豊富に含まれているので栄養失調になることはない。

## ウマは、なぜ長い距離を全速力で走れるか？

動物は走る。イヌも走るし、ネコも走る、ウサギも、イノシシも走る。アフリカの草原にいるチーターは最高時速120キロメートルで獲物を追いかける。しかし、どの動物も、ウマのように長い距離を全速力で走ることはできない。チーターにいたってはせいぜい400メートルである。あっという間だ。ウマが長い距離を走れるのは、鼻からたくさんの空気を吸い込めることともうひとつ、汗をかくからである。

走り終わった競走馬は全身に大汗をかいている。汗は蒸発するとき気化熱《きかねつ》を奪うので、体温を急速に下げることができる。ほかの動物は汗をかかない。汗の出る汗腺がほとんどないからである。だから体温が上がってもすぐには下げられない。このため長い距離は走れない。

ウマのほかに全身で汗をかく動物といえば、それは、人間である。だから人間はマラソンを全力で走ることができる。犬ぞりのイヌも長距離を走るが、こちらは、極寒地なので汗をかかなくても体温は下がる。

## なぜ、放牧しているウマは2頭がいつも寄り添っているか？

放牧中のウマは、たいてい、2頭が寄り添っている。この2頭は夫婦か、それとも特別仲がいいのか。何か理由があるのだろうか？

あるのだ。よく見ると2頭は必ず互い違いに立ち、一方の尻近くにもう1頭の顔がある。しっぽを振ると相手の顔に当たる位置だ。実は、このことが肝心で、互いに、しっぽを顔に当てっこしているのである。何ゆえに？　顔の近くにやってくるハエやアブ、ブヨなどのうるさい虫を追い払っているのだ。

## 牧場のウシの胃には磁石が入れてある。なぜか？

磁石が入れてあるのを知っているのは恐らく牧場関係者だけだろう。ウシは草を食べるとき、落ちている釘《くぎ》や鉄クズなども口に入れる習性がある。とがった釘などは消化器官を傷つけることもあるので、４つある胃の2番目に牧場関係者が磁石を入れ、呑み込んだ鉄クズが集まるようにしている。そしてときどき、より強力な磁石を口から入れて取り出すのだ。

## ゴリラはなぜ、胸をたたいて大きな音を出すか？

ゴリラが立ち上がって胸をたたき、ポコポコポコと大きな音を出す行動はドラミングといい、よく知られている。天敵のヒョウをおどしたり、ほかのグループのゴリラたちに出合ったときや仲間に連絡するときに鳴らす。

手のひらをくぼませ胸の硬い筋肉をたたくので、筋肉が発達していない子どもゴリラはペチャペチャという音だ。上手に響かせられるようになると2～3キロメートル四方に聞こえる。ゴリラは、顔はいかついが性格は温和で、自分から先に攻撃を仕掛けることはない。

## ゾウとライオン、1対1で対決したらどっちが強いか？

動物園のアフリカゾウはおとなしい。餌を黙々と食べているだけで咆《ほ》えもしないし、暴れることもない。アフリカのサバンナにいるときは、家族が集まって群れ単位で生活しているが、ゆっくり移動するだけで静かな一団である。しかし、群れの子ゾウを狙ってハイエナやライオンが襲ってきたら戦う。では、ライオンとゾウ、1対1ならどちらが強いだろうか。ゾウが戦いで使う武器は鼻ではなく、強力なキック力を秘めた足だ。その巨大な足で蹴っ飛ばすと、ライオンといえども骨折するか、踏みつぶされてしまう。

## 首の長いキリンは貧血にならないか？

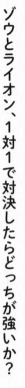

キリンの頭は地上5メートル、心臓から2・5メートルも上にある。この高さに血液を送るには、血圧は相当高くなければならない。測定すると平均で260／160mmHgあった。人間は平均120／80mmHgだから倍以上の血圧で押し上げているわけだ。問題はむしろ頭を下げたときだ。水を飲むため地上まで頭を持ってくると血が頭に下がって上の値は倍の400mmHgまで上がると計算した人もいる。こんな高血圧では脳内出血が心配になる。しかし、キリンには脳内の血液が急に増えたり減ったりするのを防ぐワンダーネットと呼ばれる毛細血管のかたまりがあるので心配無用なのである。

## キリンのまだら模様は敵に目立ちすぎるのではないか？

キリンは襲われたら逃げるしか助かる道はない。が、その逃げ足は時速40キロメートルくらいだから、ライオンやチータの方がずっと速い。だから、見つからないようにするのが一番の防御法だ。動物園ではよく目立つあのまだら模様だが、敵の多いサバンナではもっとくすんでいて、遠くからだと風景にまぎれ、肉食動物には見えなくなる。しかも、長い首で周囲を見張っているので簡単には襲われない。

## カンガルーの袋、中の掃除をするのは母か子か？

カンガルーの子どもは、生まれたときは人間の小指の先くらいの大きさだ。毛も生えていない。それがどうやって袋の中に入るかというと、母親がなめてつくった道筋を、腹部の毛をかき分けかき分けして這《は》い登るのである。母親がくわえて入れてやるのではない。袋の中に入ればそこは天国、中にある母親の乳首から乳を好きなだけ飲むことができる。

といっても、飲んだら排泄する。子は袋の外に出ないから、そのままだと袋の中はどんどん汚れる。そのとき、自分で掃除をするのか、それとも母親がきれいにするのか。答えは母親。母親が袋に頭を突っ込んできれいにするのである。

## いつ襲われるかわからない草食動物は、いつ眠っているか？

弱肉強食のサバンナでは、草食動物はいつ襲われるかわからない。警戒を怠ることはできない。当然、ぐっすり眠ることなどできないだろう。しかし、それで疲れないのか。キリンの場合を見てみよう。実は、キリンの体は20分眠れば疲労回復ができるようになっている。しかも、深く眠るのはそのうち2分だけ。目覚めると即座に全力で走ることができるのである。

## ラクダのこぶには何が入っているか？

ラクダにはヒトコブラクダとフタコブラクダがいるが、どちらのこぶにも水は入っていない。かつては、水なしで砂漠を何日も歩き続けるので、水が入っているといわれたこともあるが、解剖してみると入っていたのは40キログラムもの脂肪のかたまりだった。皮下脂肪が背中に集まっているような状態になっていたのである。この脂肪は、灼熱の砂漠を何日も歩き続けるエネルギー源であるとともに、背中にてりつける太陽光の断熱材の働きもしている。

では、水はどうしているのかというと、体全体（血管など）

にたくわえているのである。オアシスに到着したラクダは水場で、実に100リットル近くの水をがぶ飲みし、体全体にたくわえる。汗をかかず、尿もほんの少量しか出さないので、これで、水なしで砂漠を旅しても大丈夫なのである。

## ヒトコブラクダとフタコブラクダの子は、何コブラクダか？

この疑問を持ったアラブの王様がヒトコブラクダとフタコブラクダをかけ合わせてみたことがある。同じラクダだから、もちろん、子は生まれた。

結果は？　ヒトコブラクダは主にアフリカに生息する種類、フタコブラクダは中央アジアを中心に飼われている種類だ。砂漠のキャラバン隊に使われるのはフタコブラクダである。ラクダは毛に覆われているので、砂漠では暑いのではないかと思うかもしれないが、実際は逆。毛が直射日光を防ぎ、体力の消耗と水分の蒸発を防いでいる。さて、子ラクダのコブの数だが、1コブともう1個は半分、すなわち、1・5コブだったという。

# カバは、なぜ大きな口を開けてあくびをするか？

カバは、草食だからほかの動物を襲うこともなく、また、身を守る武器も持っていない、と思われている。20～50頭くらいが河や池で毎日のんびりすごしている、と思われている。水の中にいるからライオンなどを警戒する必要がなく平和に暮らしている、と思われている。だから性格はおとなしくマンガやイラストで描かれているとおりのユーモラスな動物、と思われている。

しかし、これらはどれも間違いである。

動物園のカバからは想像できないかもしれないが、野生のカバは、アフリカでたくさん人を殺しているどう猛で危険な動物なのである。

アフリカのザンビア共和国でカバの見学ツアーに参加したある男性は、1人乗りのカヌーをこいでいたところ、とつぜん下からひっくり返され、気がついたらカバの口の中だったという。

子カバを連れた母親にかみつかれたのである。このように、うっかりカバの縄張りに入ると、長く鋭いキバで襲われることもある。カバが、大きな口を開けるのは、のんびりあくびをしているのではなく、縄張りに入ってきた相手をおどしているのだ。威嚇である。ライオンなどの肉食獣も、カバがキバを見せると一目散に逃げ出すという。母カバが本気を出したらライオンでも殺してしまうことがあるからだ。

## カバはなぜ、早朝に草原を突進するのか？

早朝といっても、太陽が顔を出す前の周りがほのかに明るくなったくらいの時間帯である。夜の間、草原で草を食べていたカバが猛然と突進を始めるのだ。どこに向かって？　もちろん、すみ慣れた河に向かって、である。突進する速度は時速40キロメートル、陸上動物では、ゾウにつぐ巨体がドッドッドッドッと走るのだからライオンもハイエナも、その前方にいたら突き飛ばされ、死なないまでもけがをする。自然界では、けがは死につながるので、カバの行く手をじゃまするものはいない。

直射日光が大の苦手のカバは、日が昇る前に河に飛び込まなくてはならない。だから突進する。その通路には、前夜、しるしのふんをまき散らしてあるので間違えることはないのだ。

## インドゾウの耳よりアフリカゾウの耳の方が大きい。なぜか？

アフリカゾウは耳を広げ、ライオンなど肉食獣を威嚇することもあるが、大きな耳の主な理由はクーラーである。アフリカのサバンナを移動するゾウは一日中直射日光を浴び続ける。とにかく暑いのだ。そこで、巨大な耳をパタパタ動かし、耳の裏に網の目のように走っている血管に冷たい空気を当てる。ここで冷やされた血液が全身を巡り体温を下げるのである。インドゾウは木陰のあるところにいるので耳はそれほど大きくなくてよい。

## スマトラ島沖地震で、ゾウはなぜ巨大津波を予知できたか？

2004年12月に起こったスマトラ島沖地震のとき、タイのカオラックという観光地で、大津波が来る少し前、観光用のゾウが背中に客を乗せたまま高台をめざして走り出し、つながれていたゾウも鎖をひきちぎって逃げ出した。その後、まもなく大津波が沿岸を襲い大勢の人々がのみこまれたが、ゾウに乗っていた観光客は助かった。

これは大きなニュースとなり、「津波を予知したゾウの超能力」と世界に報じられた。しかし、超能力などではない。ゾウは足の裏で音をキャッチすることができる。40キロメートルも離れた遠くの雷や雨の音がわかるのだ。タイのゾウも、人間には聞こえない地震と津波の低周波音をキャッチし高台をめざしたのである。

## シマウマのシマ模様は、「白地に黒」か「黒地に白」か？

アフリカのサバンナにはたくさんのシマウマがいるが、家畜として利用したという話は聞かない。理由ははっきりしていて、背中が重さに耐えられない構造だからである。しかも、性格が荒っぽく、人間になつかない。というか、警戒心を解かない。し

かも年を取るとその傾向がますます強くなるので手に負えないのである。さて、そのシマだが「白ウマに黒のシマ」というのが定説となっている。その証拠にクアッガという種類は、前半分はシマだが、後ろは真っ白だし、バーチェルという種類は脚が白のみである。

人間やゴリラ、チンパンジー以外の哺乳類はほとんど色の識別ができないので、シマ模様は背景のサバンナに溶け込んで肉食獣には見分けがつかない。安全マークだ。

## ブタの鼻は、なぜとがっているか？

ブタはイノシシが家畜になった動物である。イノシシは土の中の虫や植物の根、球根などをかぎあて、鼻をスコップがわりにして掘りかえす。スコップがわりだからかたく、力を入れられるよう強大な背筋を持っている。その特徴がブタにもひきつがれ、大きくとがった鼻はそのままである。家畜のブタには無用の長物ともいえるが、逃げだして野生化したブタには大いに役立っている。野生化したブタはノブタであり、イノシシと混血するとイノブタである。ブタはぶよぶよ太っているというイメージがあるが、体脂肪率は14～18パーセントだから、それほどでもない。知能は高く、教えこめば簡単なことならやってのけ、また、名前をつけて呼ぶとわかる。イヌよりかしこいといわれる。

## クジラの子は広い海で迷子にならないか？

地球最大の動物は南氷洋のシロナガスクジラである。体重170トンだからゾウやカバの8トンと比べても、その巨大さがわかるだろう。最大の恐竜アルゼンチノサウルスでも100トンだから約6割である。しかし、こんな巨大なクジラも、海の広さから見れば点にすぎない。もし、子クジラが迷子になったらどうやって探すのだろうか。

広大な海では、子クジラだけでなく配偶者を見つけるのも大変に思える。しかし、心配無用なのだ。なぜなら、クジラは非常に精巧な耳を持っており、超音波を出しながら互いに交信しているからである。1万メートル離れたマッコウクジラが、連絡を取り合っているのが調査で確認されている。

## クジラは、なぜ長い時間もぐっていられるか？

クジラの肉は牛肉や豚肉に比べると赤い。これは血液中にヘモグロビンがたくさん含まれているからである。ヘモグロビンは人間の血液中にもあるが、肺で摂取した酸素を体のすみずみに運ぶ役割をになっている。これが多いおかげでクジラは酸素をたくさん体内にたくわえ、長い時間、息継ぎなしでもぐることができる。ツチクジラは1時間以上、マッコウクジラや巨大なシロナガスクジラは30分以上ももぐっている。

## イルカは、なぜ眠りながら泳げるか？

イルカはクジラの仲間の哺乳類である。哺乳類は肺で呼吸しているから、水にもぐったまま眠るわけにはいかない。ときどき海面に顔を出して息をしなくてはならない。また、イルカは知能が高い。知能の高い動物の脳は、人間もそうだが、たくさんの酸素が必要だ。だから、長い時間呼吸を止められない。しかし、眠らなければ脳は休息できない。イルカはどうやって眠っているのだろうか？

その秘密は、脳の半分ずつで眠っているのである。これは半球睡眠という。水族館でイルカを見ているとときどき片目をつぶって泳いでいる。時間をかけてよく観察すると、左右の目を交互につぶっている。つまり、つぶっている目とつながっている脳は眠っており、開いている目とつながっている脳は起きている。起きている方の脳の命令で呼吸をするから、そうでない方が眠っていても大丈夫である。半球睡眠はほかにツルがよく知られている。眠っていない方の目は、敵に襲われないよう見張っているのである。

## 手品のハトは登場するまで、どこに隠れているか？

神社や公園にいるハトは動きまわって元気がいい。鳴き声もうるさいくらいだ。そ

んなハトを手品師は鮮やかに取り出すが、それまで、どこに隠しているのだろうか。手品に登場する白いハトは「ギンバト」といい、普通のハトより小さいが、羽を広げると同じくらいの大きさに見える。性格はもともとおとなしいが、さらに、騒いだり、暴れたりしないよう仕込んである。鳥は仰向けにするとおとなしくなるので、そのまま服の中に隠しておけばじっとしている。白いので、薄暗いステージに登場すると鮮やかに大きく見えるのだ。

## ニワトリは、なぜ朝にコケコッコーと鳴くか？

春になるとウグイスが鳴き、ヒバリがさえずる。自分の縄張りをまわりに知らせ、あるいは、メスに求愛をしているのだ。このように野生の鳥は繁殖期に声高く鳴くが、ニワトリは毎朝声高く鳴く。なぜか？　ニワトリはもともとは森にいたものが家畜にされ、改良された。そのため、薄暗い森で餌を探す必要がなくなり、その結果、だんだん明暗を見分ける視細胞が退化し、夜になると目が見えなくなった。しかし、何も

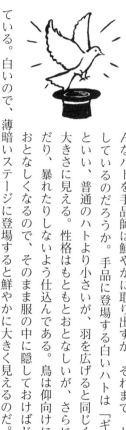

見えなければ、キツネなどの天敵にいつ襲われるかわからない。不安である。その不安が、朝、明るくなると消える。その喜びをあの鳴き声であらわしているのである。

## 黄身が2つの卵から、ヒヨコが2羽生まれるか？

めったにないことだが、卵を割ると「双子の卵」といって黄身が2つあることがある。さて、この卵（受精卵）を親鳥がちゃんと温めたらヒヨコが2羽生まれるだろうか。答えは、「生まれない」である。なぜならヒヨコになるのは黄身ではないからだ。成長してヒヨコになるのは胚《はい》の部分で、黄身の上にある白いものだ。「双子の卵」にこれが2つあるとは限らないし、2つあっても狭い殻の中で2羽が成長できる余裕はない。酸素も足りない。人間の双子は親や医師が手厚く面倒を見るのでちゃんと大きくなるが、自然界ではムリ。運よく生まれても大きくなれない。

## 樹林の鳥の巣は、なぜ高さ3メートルあたりが多いか？

樹林にはたくさんの種類の鳥がいるが、それぞれの鳥には縄張りがあって、同じ種類のほかの鳥が入ってくると激しく攻撃する。これは、ヒナを育てるのにたくさんのエサの虫を確保しなくてはならないからで、エサを分け合っていたのではヒナは栄養不足になってしまう。また、巣はたいてい樹木の3メートルくらいの高さにつくるが、これは、3メートルより低いところはヘビに卵やヒナを狙われ、3メートル以上だとワシやタカに狙われるからだ。一番安全な高さに巣をつくっているのである。

## 渡り鳥は、なぜ編隊を組んで飛ぶか？

きれいにV字に編隊を組んで飛ぶのは、ツルやハクチョウ、ガンなど長距離を飛ぶ大型の渡り鳥だ。その目的は、空気抵抗を少なくし、エネルギーを節約するため。

1列になると前の鳥が羽ばたいて押し出す風が、すぐ後ろの鳥には向かい風となる。例えば、マラソンや競輪の選手は、集団で走っている間は向かい風を受ける先頭には出ない。また、前の選手の真後ろでなく、斜め後ろにつけることによって、前から来る空気の流れの影響を直接受けないよう工夫している。だから先頭集団は少しふくらんだ形になる。

渡り鳥は、斜め後ろを飛ぶことによって向かい風を避けるだけでなく、前の鳥が羽ばたいて、つばさを上に上げたとき生まれる空気の流れを受け取り、そこで生まれる揚力《ようりょく》を利用して飛んでいる。そうすると羽ばたくエネルギーが少なくてすむ。これがV字で飛ぶ理由である。先頭を飛ぶ鳥は負担が大きいので、複数いるリーダーが交代して、互いに負担を軽くしていると考えられている。

## 鳥は、夜になると目が見えなくなるか？

ビタミンA不足が原因で、暗くなると目が見えなくなる病気を鳥目《とりめ》ということから、鳥は夜になると目が見えなくなると思われているようだがホントだろうか？

なるほど、ニワトリのように見えなくなる鳥がいるのはたしかである。しかし、カモ、シギ、チドリ、フクロウなどは夜にもエサを食べるし、渡り鳥は星の位置を見て飛ぶ。夜も見えるかどうかは、暗い光を感じる視細胞がたくさんあるかどうかだが、すべての鳥が夜に見えなくなるというのは間違いである。

## 鳥は、なぜ汗をかかないか？

鳥は筋肉でつばさを動かして飛びたつ。自分の体重を浮かせるのだから激しい運動だ。飛べないニワトリも、庭で飼っていると、かなりのスピードで走る。イヌが追いつけないくらいだ。アフリカの草原（サバンナ）にいるダチョウは最高時速70キロメートルで全力疾走する。が、どの鳥も汗をかかない。

なぜなら、汗の出る汗腺がないからである。しかし、鳥も運動すれば体温が上がる。汗をかかないで熱中症にならないのだろうか？

が、その心配はない。まず、鳥は筋肉運動によって生まれた熱を呼吸によって肺から体外に放出する。鳥の肺は、気嚢《きのう》といういくつかの袋がつながっていて、そこに外気を送り、体温を調節している。また、羽毛《うもう》が生えていない脚は外気にさらされていつも冷たいので、羽ばたきなどで体温が上がりすぎたときは、脚への血流を多くして、血液を冷やし、体温を下げている。

## なぜ、スズメはハトのように人になつかないか？

神社の境内やプラットホームのハトはそばに人がいても平気だが、庭に来るスズメは人影が目に入ると一目散に逃げる。ヨーロッパのスズメは、種類が少し違うが、手に乗って餌をついばんだりするので、すべてのスズメが人嫌いということではないらしい。日本のスズメはなぜ人になつかないのだろうか。それは、昔から日本人が、稲を食べる害鳥としてスズメを退治してきたからである。スズメによる稲の被害は年間500万トンを超え、このため毎年200万羽以上が駆除されている。スズメを愛する人が都市で少々増えても、スズメのＤＮＡは人への警戒をゆるめはしないのだ。

## なぜ、スズメの死骸を見かけることがないか？

一般に野鳥は人目につかないところで巣をつくり、卵を産み、育て、森や山で死ぬので死骸を見かけることはないはずだ。しかし、スズメは人家近くにたくさんいるので死骸を見かけてもおかしくはない。しかし、見かけない。なぜだろうか。

ある研究によると、スズメの分布は、立て込んでいる地域でも「7軒に1軒程度に1羽」だという。そのくらいだと、スズメの死骸がその敷地に落ちるのは9年に1回あるかないかであるという計算をした人がいる。しかも、カラスやネコがすばやく持っていくので人の目に触れることはないのである。

## アホウドリはなぜ「アホウ」か？

アホウドリは伊豆諸島の最南端、鳥島（無人島）にいる鳥である。大きな羽を広げ海の上をゆうゆうと飛ぶ姿を見れば、なぜ、こんなに美しい鳥が「アホウ」なのか、不思議に思うだろう。
しかし、地上を歩くその姿を見るとイメージは一変する。体が大きすぎるアヒルのようにヨタヨタし、しかも、人をまるで恐れないので近づいて素手で簡単に捕まえることができる。無人島暮らしなので人間の恐ろしさを知らないのだ。

このため、昔、船乗りたちが、逃げることを知らないこの鳥を「アホウドリ」と呼んで、殺して食べたり、捕まえて羽毛布団の羽毛用に売り飛ばしたりした。そして、その羽毛の人気がだんだん高まって、1887年頃から乱獲が始まり、およそ630万羽が殺された。その後、1962年、アホウドリは保護のため国の特別天然記念物に指定された。アホウドリは、本当は「アホウ」なんかではなく、人間の恐ろしさを知らなかったから、人間に「アホウ」と呼ばれただけなのである。

## ツバメの数羽のヒナは、なぜみんな平等にエサの虫をもらえるか?

5羽のヒナがいるツバメの巣の観察記録をつけた人によると、親鳥は1日に285回巣にエサを運び、そのうち、左から2番目にいるヒナに95回与え、他の位置にいるヒナはこれより少なく、とくに右端にいるヒナにはたったの35回しか与えなかった。半分以下だ。ふつうに考えると、これではヒナの成長にかなり差がつきそうに思える。しかし、実際は、そうならない。どのヒナも同じくらいのスピードで成長する。なぜだろうか? それは、エサをもらって腹いっぱいになったヒナはとつぜん睡魔に襲われ、口を開けなくなるからだ。その間に、空腹のヒナが力づくでエサのもらえる場所を奪うので、結局、どのヒナも平等にエサにありつくことができるというわけである。

## ツバメはなぜ人家の軒先に巣をつくるか？

都会だけではなく樹木がたくさん生えている田舎でも、ツバメは人目につきやすい人家の軒先などに巣をつくる。なぜかというと、住人が、初夏を告げる鳥と歓迎し追い払わないせいもあるが、一番の理由はカラスやヘビなどヒナを襲う敵が人家には近づかないからである。また、巣の形が浅いお椀型なのでスズメに巣を取られ、卵やヒナを放り出される心配があるが、人がいればスズメも来ない。

## なぜ、スズメのように歩く鳥とハトのように歩く鳥がいるか？

スズメはチョンチョンと歩き、ハトは人間のように二足歩行する。カラスはチョンチョン歩きと二足歩行の両方だ。なぜ、鳥によって歩き方が違うのだろうか。

それは、スズメのようにチョンチョン歩きの鳥はもともと樹上を生活の場としているからだ。地上の虫や落ちた木の実を食べるときだけ降りるが、そのときも、枝から枝に飛びはねるように歩く。これに対し、ハトは樹木や屋根に止まっているものの、餌は地上で探す。だから、歩きまわるのに便利な二足歩行だ。ドジョウやザリガニを餌にする水辺の鳥も同じ理由から二足歩行である。最後にカラスだが、樹上と地上の二股生活なので、歩き方も二股なのである。

## フクロウはなぜ、漆黒の闇でも獲物を発見できるのか？

フクロウは獲物を耳で発見する。目は人間と同じ程度しか見えないが、耳は人間よりはるかにいい。頭をレーダーのように動かし、左右に到着する音の微妙な時間差から獲物の居場所を正確にキャッチする。ネズミやヘビが枯葉の上を動くかすかな音で位置をとらえ、飛び込んで、鋭い爪で捕獲するのである。田舎では、朝、道にヘビやネズミの残骸が落ちていることがある。電線に止まったフクロウの食事の跡である。

## 夕刻飛びまわるコウモリは何を餌にしているか？

夏の夕空をコウモリがパタパタ舞っている。餌を追っているのだが何を食べているのだろうか？　何を食べているかは糞《ふん》を調べればわかる。糞の大半は蚊の目玉である。そう、蚊を大量に食べ、消化できない目玉を排出しているのだ。

中国料理ではこれを珍味中の珍味とし「蚊の目玉のスープ」に仕立てている。スープになるほど大量の蚊（の目玉）を集めるのは大変だが、コウモリの糞なら簡単に手に入る。ちなみに、コウモリは超音波レーダーで小さな蚊をキャッチしているのである。

## 春に空でさえずっているヒバリは何をしているか？

ヒバリは天気のよい日にさえずっているので、「日晴れ」が「ヒバリ」に転化したといわれる。しかし、ヒバリは上天気を喜んでいるのではない。自分の巣の上空で縄張りを主張しているのである。だから、他のヒバリが侵入してくると追いかけっこの激しい争いとなる。ヒバリがさえずる高さはだいたい100メートル、鳴いている時間は長いときで10分くらいだ。

## なぜ、高空を飛んでいるトンビに油揚げをさらわれるか？

トンビが油揚げをさらうのは餌になるからだが、はるか高いところを旋回しているのに、なぜ油揚げだとわかるのだろうか？　トンビが旋回している高度は100メートル以上である。われわれが100メートル離れて、黄色く見えるものが油揚げとわかるかというと、わからない。しかし、鳥の視力は、強力なので、人間と同じに考えない方がいい。例えば、タカは300メートルの高さからネズミ、ヘビ、モグラ、ウサギなどの動きが手に取るように見える。トンビも抜群の視力で油揚げをさらうくらい朝飯前なのだ。

## キツツキはくちばしでなぜ、コンコンコンと木をたたくか？

キツツキは一年中同じ森にいて木をコンコンコンとたたいている。巣をつくる時期でなくてもたたいている。何をしているのだろうか。

木をたたくのは、巣穴をつくるためと、縄張りを主張するためと、もう1つは餌を取るためである。キツツキはアリを餌にしているが、アリは地面に巣をつくる種類より、樹木に巣穴をつくる種類の方が多い。アリの巣を見つけると、キツツキはコンコンと穴を開け、長い舌を伸ばして一気に口に運ぶ。キツツキの胃袋を調べるとアリがぎっしり詰まっているという。

## 末っ子のカナリアは、なぜ暴れん坊か？

カナリアは3～4個の卵を産み、母カナリアが2週間くらい温めるとヒナが生まれる。卵は順番にかえるので最後に卵からでてきたヒナが末っ子ということになる。飼ったことのある人は知っていると思うが、この末っ子は、オスでもメスでもとにかく暴れん坊で、ほかのヒナをとまり木から追っ払ったり、エサをひとりじめしたり、水をまきちらしたりする。とくに体が大きいわけではなく、ただむやみに攻撃的である。なぜだろうか？

カナリアの母親は体のなかに卵があるとき、ヒナの成長を進促させる男性ホルモン（テストステロン）をそれぞれの卵にあたえる。丈夫な筋肉、強い骨をもったヒナに育つようにするためである。そのとき、あとで生まれる卵ほどたくさんあたえ、最後に生まれる末っ子の卵にはいちばんたくさんあたえる。

このことを研究した人によると、その理由は、末っ子は先に生まれたヒナにエサをとられ、押しのけられる心配があるので、母カナリアが男性ホルモンを多くあたえることによってより元気が出るようにしているのだという。その結果、ほかのヒナを追いやるほどの暴れん坊になるのである。

# 2章

# 電話で話しているとき、なぜメモ用紙に図を描いてしまうか？

【人体のふしぎ】雑学

## 耳の穴に指を突っ込むと聞こえる「ゴーッ」という音の正体は？

その音は筋肉線維の伸縮で出る23ヘルツの低周波音である。静かにしていても、人体は肺、心臓、胃、腸などが休むことなく動いている。これらの筋肉は細い線維が寄り集まってできており、自由に伸縮する。そのとき、主に、縮む筋肉が低周波音を出している。耳の穴に指を突っ込むと、指を伝って直接それらの音が届くので「ゴーッ」と聞こえる。

## なぜ、髪の毛は寝ている間には伸びないのか？

寝ているとき伸びないのは髪の毛の細胞も休んでいるからである。身長は寝ている間に伸びるが、髪の毛が伸びるのは午前10時～11時、ついで午後4時～6時頃までの間。毎日伸びる長さは、年齢、性別によって異なるが、平均すると0・2～0・3ミリメートル、1ヶ月で6～9ミリメートルくらい。人間の髪の毛は普通の人でだいたい8万~10万本あり、寿命は男性が3~5年、女性は6~7年。毎日寿命のつきた50本くらいが抜け落ちる。

## どうして最近の若者はほっそり顔になったのか?

最近の若者はあごの先がとがって全体にほっそりした顔が多い。牛肉、パンといったやわらかいものを食べて育ったからだといわれる。事実、食べものによって人間の顔は大きく変わってきた。昔の人は、さかのぼればさかのぼるほど、玄米や干物など堅くて噛み切れないものを食べていたから、あごが大きくがっしりした顔だった。だから現代のようにやわらかく調理したものばかり食べていると、人間の顔はさらに細長くなると予想される。

といっても、もともと備わっている噛む力は今も健在で、ビールビンの栓を歯で開けたり、堅いクルミを噛みくだくことも不可能ではない。健康な人の歯の強度は、奥歯を噛みしめるとその人の体重くらいといわれる。50~60キログラムの力だ。その秘密は歯のエナメル質にある。人体の中で一番硬く、水晶と同じぐらいの強度があるのだ。

## どうしてスイカを食べてお茶を飲むと苦いのか？

スイカもメロンも甘いが、実際は、甘い味だけではなく、酸っぱい味、苦い味も混ざっている。しかし、甘い味が強いので他は隠されている。鏡で舌を見ると表面にブツブツがあるが、このブツブツの表面に花のつぼみのような形の味蕾《みらい》が並んでおり、その中の味細胞でこれらの味を感じている。スイカやメロンを食べた後にお茶を飲むと、甘い味と酸っぱい味はすぐ流されてしまう。しかし、苦い味は味細胞にくっつく力が強いので残る。お茶にも苦い味が入っているので、この2つが合わさってより苦く感じるのである。

## ナイフで指を切ったら、温めるべきか冷やすべきか？

けがをしたら冷やすという常識があるので、指を切っても水道の蛇口で冷やすべきだと思っているかもしれないが、間違い。血液が固まるのは酸素に触れた血小板が互いにくっつくからだ。血小板は温かい方が活発に働くので蒸しタオルなどで傷口を覆っておくと固まる。また、血液中に含まれているたんぱく質も温かい方が凝固しやすい。血の出るけがは温めた方がよいのである。

## 休みなく動いている心臓は疲労しないのか？

心臓が停止したら死だ。だから止まってもらっては困るが、他方、休みなしで疲れないのかと気になる。が、心配は無用だ。なぜなら「休みなし」でも「休んでいる」からである。

腕や足は脳からの指令で動くが、心臓は指令なしで動く。指令なしで筋肉を収縮させ、新しい血液を全身に送り出している。筋肉が収縮するとき、心臓には力が入っている。が、血液を送り出した後は元に戻るだけだから力は抜いた状態である。すなわち、送り出すときは働き、送り出した後は休んでいる。半分は「休んでいる」のだ。

## 体全体の血管をつなぐとどれくらいの長さか？

人体図鑑を開くと、血管だけで網の目のように人体をかたどった図がある。爪や髪の毛、歯など血管のない部位もあるが、それ以外は、人体のすみずみまで血液は流れている。血管といっても見える箇所は限られており、実感はないだろうが、全部つなぎ合わせるとどれくらいの長さになるだろうか。

血管には内側の直径が約2・5センチメートルの大動脈、3センチメートルの大静脈から0・006ミリメートルの毛細血管まであるが、これらをつなぎ合わせると、何と10万キロメートル、地球2周半の長さとなる。心臓から出た血液が体内をめぐり、再び帰ってくるまでの時間は約30秒。ちなみに、そこを流れる血液の重さは体重の8パーセントである。体重50キログラムの人は4キログラムだ。

## 電話で話しているとき、なぜメモ用紙に図を描いてしまうか？

話の内容にもよるが、だらだら長話が続いているときに、なぜか描いてしまう図形や絵は右脳に由来すると考えられている。大脳には右脳と左脳があり、右脳は音楽や絵画など、左脳は言葉や計算を支配している。長電話は言葉のやり取りだから、その最中は左脳がフル回転している。そこで、手持ちぶさたの右脳が図形を描いて遊んでいる、というわけだ。

## 「NO!」と言えない人はボケるのが早い。なぜか?

国立精神・神経医療研究センターでかつて、健康なネズミと、精巣を除去し男性ホルモンを出なくしたネズミの2種類を使って、ストレス実験が行われた。それぞれの群れを、5週間にわたって首まで水につけ、脳にどのような影響が出るか調べたのである。結果は、健康なネズミの脳に変化はなかったが、男性ホルモンを出なくしたネズミは、記憶を司る海馬の細胞が半分以上死んでいた。

ボケである。男性ホルモンは積極性、攻撃性のもととなるもので、人間でいえば

「YES」「NO」を司っているといってよい。だから、「NO!」と言えない人は、男性ホルモンが少なく、早くボケる可能性がある、と考えられた。

## 車を運転していると、人はなぜカッカしやすくなるか?

人には縄張り意識があり、心理学者によれば、そこに他人が踏み込むとカッとしやすくなる。縄張りの大きさは人によって違うが、車に乗ると、車の大きさが「自分」とイコールになるので、そこを中心に形成される縄張りも普段より大きくなる。だから、バックミラーでしか見えない後ろの車が、車間距離を詰めただけでムカッ腹が立つ。クラクションを鳴らされると、飛び出して怒鳴りつけたくなるくらいカッカしてしまうのだ。

## 録音した声が自分の声じゃないようなのは、なぜか?

誰かと一緒に「たくあん」を食べてみよう。他人が噛むとポリポリいい音がする。

が、自分の音はバリバリと濁って聞こえる。なぜか？

それは、他人の音は耳から鼓膜に伝わるのに対し、自分の音は口の中で頭蓋骨に響き聴神経に伝わるからだ。声も同じで、自分の声は低く聞こえる。しかし、他人には録音したのと同じ少し高い声が聞こえている。

## 子どもはじっとしていられない。なぜ動きまわるか？

小学校に上がるまでの子どもはチョロチョロ動きまわる。多動性障害（ADHD）ではないかと思えるくらいだが、実は、動きまわるのが普通。じっとしている方が心配なのだ。子どもは、心臓や血管の働きが完成されていないので、心臓から押し出すだけでは血液が体のすみずみまで行きわたらない。動きまわって筋肉を収縮させ、血管に圧迫を与えることによって血液の流れをよくする必要がある。

特に下半身は、心臓から遠く低い位置なので血液が滞留しやすい。だから動きまわって血流をよくしているのである。体が求めているのだから何の心配もない。

## なぜ、女優の写真は左顔が多いか？

近くにいる人の顔を観察してみよう。右顔と左顔（向かって右側）のどちらが「感じのいい顔」だろうか。たぶん、無表情な右顔に対し、左顔は柔らかく、表情豊かに思えるだろう。そのためだろうか、プロカメラマンの撮ったタレントの写真は圧倒的に左顔が多い。

なぜか？　大脳には右脳と左脳があり、右脳が左半身、左脳が右半身を支配し、また右脳が絵画や音楽、左脳は計算や仕事と関係が深いことはよく知られている。このため、右脳が支配する左顔は表情豊か、左脳が支配する右顔は厳しい表情になると考えられている。

## 泳ぐとなぜ、足が引きつることがあるか？

冷たい水に入って筋肉が収縮したから引きつるのではない。引きつる主な原因は息つぎである。普段はバランスよく呼吸しているわれわれも、泳ぐときは息つぎに失敗し、空気をたくさん吸いすぎることがある。すると、血中の二酸化炭素濃度が急に減少し、筋肉内のバランスがくずれる。そのとき、足が引きつるのである。

## なぜ、日陰にいても日焼けをするか？

日焼けして黒くなるのは、紫外線に当たった皮膚が防御のためメラニン色素をつくり出すからである。強い紫外線に当たると、色素細胞の遺伝子が傷つき、メラニン色素をつくる。つくりすぎるとシミになる。紫外線は目に見えない非常に波長が短い光だから散乱しやすく、帽子やパラソルの下はもちろん、日陰にいても飛び込んでくる。

## 冷房のきいた部屋では白い服と黒い服、どちらが涼しいか？

冬服に黒系統が多いのは太陽光を吸収して温かいからだ。学生服で日向ぼっこをするとポカポカと気持ちよかったのを思い出す。しかし、日没後の帰宅時間には、学生服は冷え冷えとして寒かったのではないか。

黒は熱をよく吸収するが、また、熱をよく放出する色でもある。寒い日に屋外に白と黒の紙を出しておくと黒に先に露がつく。熱放出効率がいいからである。だから、夏の炎天下では白い服が涼しいが、冷房のきいた部屋では、黒い服の方が体の熱を放出するので涼しい。

## 寝る前に塩を少しなめるとなぜ、おねしょにきくか?

ある年齢になればおねしょはなくなる。だから親は気にしなくていいが、本人が恥ずかしがったり、悩んだりするのなら、親としては気がかりだ。そんなとき、寝る前にちょこっと塩をなめる方法をおすすめしたい。簡単なうえ、かなり効果がある。

体内の余分な水分と老廃物を排泄するのが尿である。だから、余分な水分がコントロールできれば尿は減る。おねしょも出ない。塩をなめると体の塩分濃度が上がり、体液の浸透圧が高くなって、体は水を求める状態となる。求めるのだから、おねしょは出なくなる。ただし塩の量が多いと、のどが渇いて水を飲んで逆効果となる。ちょこっとがいい。

## 高いところで一歩も動けなくなることがある。なぜか？

高所恐怖症でなくても、高層ビルの展望台から見下ろすと足がすくむ。ならば、もっと高い飛行機はどうか。足はすくまない。平気である。

なぜだろうか？　われわれは目や耳からの情報をもとに平衡感覚を保っている。だから、建物の2階、3階といった少々高いところに行っても、調整がきく範囲なら何ともない。しかし、ふだん経験しない高いところに行くと、目からの情報が平衡感覚を混乱させてしまう。すると体に防御機能が働き、足がすくむのだ。飛行機の中では、目に入るのは主に機内の光景、窓の外はただの風景だから平気である。しかも、体は座席に落ち着いているので安心だ。

## コタツで寝るとカゼを引きやすい。なぜか？

コタツでうたた寝をしているとカゼを引きやすい。温かいのになぜと思うかもしれないが、温かいからカゼを引くのである。なぜなら、足が温められると、温かい血液が全身を巡り、脳はその情報をキャッチする。すると、体温が上がりすぎないよう、自律神経に、体温を下げる指令を出す。しかし、腰から上は寒いのがコタツだから、何もかけないでうたた寝すると、体熱が放出され、カゼを引きやすい状態のまま長時間すごすことになる。体調が狂うと病原菌に負けカゼを引く。

## 薄着をするとなぜ、カゼを引きやすくなるか？

カゼを引くのは病原菌に感染するからである。寒いから引くのではない。では、なぜ薄着をすると引きやすいかというと、寒さで自律神経が一時的に狂ってしまい、体と病原菌のバランスがくずれるからである。病原菌は大気中にウヨウヨいるので体調が狂うと感染しやすくなる。だから、いつも寒いところで生活している人は体が慣れているので、寒さによって自律神経がおかしくなることはない。カゼも引かない。

## 逆立ちをした状態で飲み食いができるか？

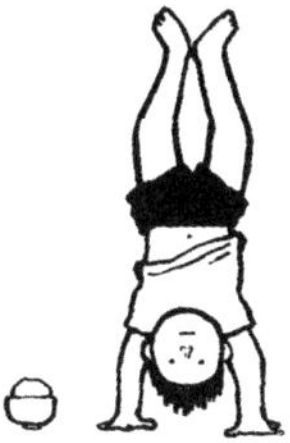

口から胃につながる食道はただのチューブではない。中は粘膜に覆われ、縦に通っている筋肉と輪のようになった横の筋肉が交互に収縮し、食べものを奥へ奥へと運ぶ。この筋肉運動は、入ってきた食べものに対して反射的に起こるので、たとえ逆立ち状態であろうと食べものは胃に送られていく。そして、食べものが胃に入ると、入り口の噴門《ふんもん》がすぐ閉まるので逆流しない。

## 指紋はなぜ消すことができないか？

同じ指紋は800億人に1人いるかいないか。2000年に1度くらいの確率で可能性はあるが、今現在、あなたと同じ指紋はありえない。あったら奇跡だ。このため指紋は犯罪の証拠となる。ドラマでは指紋を薬品で処理し、削ったり、焼いたりする犯人が登場するが、一時的に消えても、皮膚の最奥の真皮層からまた生まれてくる。指紋はものをつかみやすくすると同時に、触感を伝える神経が集中していてどうしても必要なものだから、消えたり、消したりできないようになっている。

## ひげは寒いと伸びるか、温かいと伸びるか?

ひげが生えていれば、顔が温かいから、寒い方がよく伸びると思えるがそうではない。濃い薄いに関係なく、ひげは気温の高い方がよく伸びる。濃い人は濃いなりに、薄い人は薄いなりによく伸びる。また、栄養状態のいい人より、少食で栄養が足りない方がよく伸びる。実際、栄養状態がよく、太っている人で、ひげをたくわえている人は少ない。また運動をしないで部屋に閉じこもっているとひげに栄養分がまわり伸びる。

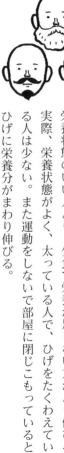

## 歩きながらあくびをする人はあまりいない。なぜか？

電車で立っているときは平気だが、座ったとたんあくびが出ることがある。立っているときは足を使っているので、その刺激で脳が覚醒している。だから歩きながらあくびをする人は、あまりいない。

しかし、座ると刺激が消え、脳の働きが鈍くなる。そこで脳は、あくびで口の筋肉を使わせ、深呼吸で胸の筋肉を使わせ、それらの刺激を脳に送り込んで眠くならないようにしている。眠くなったからではなく、眠気を覚ますためにあくびは出る。

## 眠くなるとなぜ目をこするか？

起きている間は脳から体のすみずみに命令が出されているが、脳が眠ろうとすると命令が出されなくなる。居眠りするとテーブルに頭をぶつけたりするのはそのためだ。

起きているときは、目が乾燥しないよう、脳からの命令で涙が出ているが、眠くなると涙腺の活動が低下する。涙の量が減れば、目は乾燥する。そこで、眠気を覚まそうとする人は目をこすり、涙の分泌を促す。そのまま眠ってしまう人は何もしない。

## 厚いステーキも溶かす胃液が、胃を溶かさない理由とは？

胃液の成分は主に塩酸と消化酵素。食事のたびに500ミリリットルも出るが、不思議なのは、胃液が胃自身を消化しないことである。そのわけは、胃壁から防御用の濃いネバネバ粘液が出ているからである。この濃い粘液のおかげで胃壁は消化液から守られ、ネバネバで魚の骨のような硬いものに傷つけられるのも防いでいる。ただ、強いストレスや飲みすぎで粘液細胞が壊れると、胃液は胃自身を消化することもある。それが胃潰瘍だ。

## 気温30度は暑いのに、お風呂の30度は寒い。なぜか？

この違いは、肌の周りを空気が包んでいるか、水が包んでいるかの違いである。空気は熱を伝える能力が低いので体温をそのまま温かく包む。だから、せんべい布団よりふわっとした布団の方が数倍温かいし、木綿より毛織物の方が温かい。

他方、水は、熱を伝える能力が空気の20倍以上もあるので、30度のぬるい湯に入ると体温がどんどん奪われ、寒く感じる。逆に熱すぎるお風呂に長時間入れないのもこれが理由だ。気温

30度でも、うちわで暖かい空気を動かしてやると涼しくなる。

## 小指を曲げると薬指も一緒に曲がる。なぜか？

大脳から出された「小指を曲げよ」という命令は、脊椎《せきつい》の中の神経を経由して小指の筋肉に伝えられるが、普通の人は、脊椎の中で小指に命令を伝える神経と薬指に命令を伝える神経がうまく独立していない。小指をほとんど使うことがないからだ。ただし、ピアニストのように毎日使っている人は神経がちゃんと独立し、1本ずつ曲げることができる。

## 急に走ると左のヨコ腹が痛くなる。どうしてか？

ヨコ腹が痛くなるのは急な運動で脾臓が腫れるからである。脾臓は心臓や肝臓のようにポピュラーな臓器ではないが、主な役割は2つある。1つは古くなった赤血球を破壊処理する機能、もう1つは血液の量を調節する機能である。走ると血流が速くなり、脾臓の負担が増えるので、人によっては一時的に腫れて痛みを感じるのだ。脾臓は左わき腹にあるので左のヨコ腹が痛くなる。

## 乳歯はなぜ永久歯として生えてこないか？

乳歯が永久歯に生え変わるのは、子どものあごがある程度でき上がってからである。あごが小さく、未完成の段階で永久歯が生えるといびつな状態になってしまう。といっても、あごが完成する前にも歯は必要だから、乳歯で代用しているわけだ。乳歯はどうせ抜けてしまうからとおろそかにしていると、虫歯になって抜け、永久歯の歯並びが悪くなることもある。親は気をつけてあげなければいけない。

## 蚊に刺されやすい人と刺されにくい人がいる。なぜか？

蚊は人間の体から立ち上る水蒸気や二酸化炭素をセンサーでキャッチするので、汗っかきや酒飲みの周りに集まりやすい。また、口や肌から出る炭酸ガスや乳酸にも敏感だ。そして、あるところまで近づくと、次は温度をキャッチするので、体温の低い老人より体温の高い赤ん坊や子どもの方が被害にあいやすい。

## 好きな人の前に出ると、なぜ顔が赤くなるか？

好きな人からは性的な刺激を受ける。性的な刺激を受けると、脳はノルアドレナリンというホルモンを分泌するが、このホルモンはまた、感情を支配するホルモンでもあるので、たくさん出ると心臓がドキドキし、のどがカラカラになり、言葉がうまく出てこなくなる。その結果、血圧が上がり顔も赤くなる。人前であがるのと同じ状態なので、開き直ってしまえば落ち着く。

## コップ1杯の水を飲むだけで、なぜ心が落ち着くのか?

講演会では講演者の前に水差しが置いてある。登場するとまず水を1杯飲む人が多い。これには、のどを潤すだけでなく、心を落ち着かせる効果もある。冷たい水は味覚神経を刺激するが、中でも10度前後の水は味覚神経の酸味を刺激し脳に合図を送ることがわかっている。「レモン水」と同じということになるが、酸味には緊張を和らげる効果があり、その結果、落ち着いた気分になるのである。

## 体温計は42度までしか目盛りがない。なぜか?

暑くても寒くても、体温は36・5度前後に保たれている。これは脳の体温中枢がコントロールして一定に保っているからである。暑いときは汗をかいて体温を下げ、寒いときは筋肉を震わせ(震えて)発熱する。しかし、病気になるとこの中枢が侵されコントロールがきかなくなり、体温が上がる。そして、39度で体は火のように熱くなり、40度を超えると昏睡状態になる。さらに上がると、人体を構成するたんぱく質がゆで卵のように固まってしまう。当然、人は生きていられないので、そこが体温の上限である。その温度が42度だ。

## カイロで手を温めるだけで体全体が温かくなる。なぜか？

冬の作業は、使い捨てカイロで手を温めながらというのが現代の常識。そのうち体も温かくなる。昔の人は火鉢で手をあぶるだけで寒さをしのいでいた。なぜ、手を温めるだけで温かくなるかというと、温められた血液が体を駆け巡るからだ。人体の血管の全長は地球2周半くらいと驚くほど長いが、これを、心臓から押し出された血液はたった50秒でひと巡りしてしまう。

ただ、あまり気温が低いと体温が逃げ出すスピードも速くなり、手をあぶったくらいでは温かくならない。温かいものを食べるなどしてさらに熱を補給する必要がある。体全体を動かして筋肉に発熱させるのは、誰もがやっていることである。

## 「ニキビは数えると増える」と言われる。なぜか？

ニキビは男性ホルモンと女性ホルモンのバランスがくずれたときに出やすいので、思春期の中高生に多いが、最近は、下は小学生、上は45歳くらいまで広がっている。ニキビは、男性ホルモンによって、皮膚に脂を分泌する皮脂腺の働きが活発になってできるが、もう1つ、ストレスの作用も見逃せない。「数えると増える」のは、気にしすぎてストレスが強くなり、そのコンプレックスが引き金となるからである。

## 海水は飲み水にはならないが、がまんすれば飲めるか？

海水の脱塩化技術が進み、得られた淡水を飲めるようになってきている。わざわざ淡水化するということは、海水は、そのままでは飲めないということだが、なぜ飲めないのか？　がまんしても飲めないのか？　人間は生きていくために1日約3リットルの水を飲む。これを海水にすると、3リットル中に約100グラムの塩分が含まれている。これでは塩分の取りすぎとなって、体が機能しなくなる。機能させるには真水が必要となり、海水を飲む意味がなくなる。

## 金髪の人も年を取ったら白髪になる。ホント?

ホント。髪の毛が黒いのはメラニン色素（黒色）のせいである。大部分の人（人類）はメラニン色素を十分に含んだ黒い髪だが、白人の一部にはメラニン色素が少なく、金髪、茶髪、赤毛、銀髪もいる。

メラニンは毛根にあるメラノサイトでつくられているが、年齢とともにその生産力はおとろえ、髪の毛は白っぽい灰色となる。メラノサイトはメラニンをたくわえているわけではないから、生産力が衰えると少なくなり、個人差はあるが75歳くらいでほとんどの人は生産ストップとなって白髪となる。黒以外の髪の毛も、やがて灰白《かいはく》色を経て白髪となる。メラノサイトは毛根だけでなく皮膚にもある。紫外線に当たると活動が活発になって肌の色が黒くなり、その後、シミやソバカスになることもある。

## どうして自転車の乗り方は一度覚えたら忘れないのか？

自転車に限らず、スキーでも、サーフィンでも、ギター演奏でも、何十年かぶりにやってもちゃんとできる。忘れていない。一方、試験の前に猛勉強して覚えたことは、しばらくするとほとんど覚えていない。どちらも記憶なのに、なぜ違うのだろうか？

それは記憶している脳が違うからである。試験勉強で覚えたことは大脳に保存されるのに対し、練習を繰り返して体で覚えたことは小脳に保存される。大脳は思考や感情といった高度な精神活動を行っているので膨大な量の情報が毎日押し寄せる。そのすべてを記憶することはできないから、忘れていいものは、どんどん忘れるようになっている。忘れて、脳の空き容量を大きくする。すなわち、忘れることも大脳の役割の一つといっていいかもしれない。これに対し、小脳は歩いたり、走ったり、姿勢を保ったりと、体の動きを司っている。体を動かすことは生命体の基本だから失われては困る。だから小脳に保存された記憶は時間を経過してもちょっとやそっとでは消えないのである。

# 3章

# イカのスミとタコのスミ、同じようで同じではない？

【生きもの】雑学その②

## イカのスミとタコのスミ、同じようで同じではない？

スパゲッティに絡めたイカスミは粘り気が強い。一般に、イカは敵に襲われるとスミを吐き出して煙幕を張り、逃げると考えられていたが、イギリスのＤ・ヘールの研究で煙幕ではないことがわかった。その秘密はこの粘り気にある。

ヘールによると、イカのスミはネバネバしているので塊としてポッと吐き出される。それを見た敵は、黒いその塊をイカと勘違いする。ダミーだ。襲うと、塊ははじけ、あたりを黒く染めるが、そのとき本物のイカはまんまと逃げている。スミは変わり身の術だったのである。これに対してタコのスミは煙幕を張るだけだからネバネバしていない。

## 日本生まれの貝がアメリカにいた！　泳げないのになぜ？

貝は泳げないから、棲んでいる海域からは移動できないはずである。にもかかわらず日本にいる種類とまったく同じ貝がアメリカ、オーストラリア、インドなどで見つかっている。調査の結果、日本の貝が各国に広がったとしか考えられないこともわかった。大海をどうやって移動したのだろうか。

このように書くと、不思議に思えるが、答えは簡単。昆虫が卵、幼虫、さなぎ、成虫と変態（姿を変えること）するように、貝も卵から幼虫が生まれる。この幼虫がコマのように回転し、大海を海流に乗って泳ぎ、遠くにたどり着いて貝になるのだ。幼虫が泳ぐのである。

## ハマグリに、なぜカニが入っているか？

ハマグリは海水を吸い込んでプランクトンを食べている。カニは食べない。にもかかわらず、その身の間にカニがいるのは、オオシロピンノという種類のメスが寄生しているからである。寄生してハマグリが吸い込むプランクトンを食べているのだ。繁殖期になるとこのメスはオレンジ色の卵をかかえ、オスがハマグリにやってくるのを待っている。ところで、ひな祭りにハマグリを食べるが、これは、ハマグリがもともとの組み合わせの貝殻以外とはピッタリ合わないことから、よい結婚相手に恵まれるようにという願掛けである。

## ウナギは水から出しても元気だ。なぜか？

ウナギは水中ではエラ呼吸だが、夜になると陸に上がることもあり、そのときは皮膚呼吸で地面を這いまわる。だから、ウナギ屋の調理場で、水なしで、かごに入れておいても、皮膚呼吸で元気である。なお、ドジョウも腸で呼吸できるので、長時間水なしで生きている。

## ウナギの刺身やにぎりはない。なぜか？

すし屋とウナギ屋を兼ねている店があるが、そんな店でも、ウナギの刺身やにぎりはメニューにない。なぜなら、生のウナギには毒があるからだ。昔から、ウナギ職人に眼病が多いというのもその毒が原因である。ウナギの血液中にはイクシオトキシンという成分があり、これを食べると吐いたり、ひどいときは呼吸困難になったりすることもある。この成分は熱を通せば消える。だから、ウナギは蒲《かば》焼きか白焼きで食べるのだ。

## 腕をちぎられると、ちぎれた腕がもう1匹のヒトデになる？

手のひらのような形をしたヒトデを海辺や水族館で見たことがあるだろう。形はおもしろいが、じっとしているだけで動かず、とりたてて興味を引かれる生きものではない。ところが、このヒトデ、実は、「驚異の再生力」を持つ恐るべきヤツなのである。

天敵の魚に襲われると、簡単に腕を食いちぎられるが、その後がすごい。食いちぎられた腕の残骸が、少しでも残っていれば、その腕がぐんぐん成長し、驚くなかれ、もう1匹のヒトデには新に生まれ変わる。もちろん、食いちぎられた元のヒトデには新

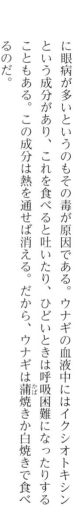

しい腕が復元する。襲われて2匹になるのだ。通常は、卵で増えるが、卵でなくても、このように体を切断（分断）し、その部分が再生して増えることもできる。

## ヒトデは、固く閉じたハマグリを食べる。どうやって？

ハマグリでもアサリでも二枚貝はフタをいったん閉じると容易に開けられない。しかしヒトデは閉じたハマグリの身をやすやすと食べてしまう。どうやって？　まず、ヒトデは閉じたハマグリの上に覆いかぶさる。ハマグリは警戒して固く殻を閉じるが、ヒトデも覆いかぶさったまま動かない。じっと待ち続ける。その間、何が行われているのかはわからない。やがてハマグリが、様子見かどうかわからないが、少し開く。その瞬間、ヒトデは自分の胃を貝の中に押し込むのだ。そして、中に入った胃袋はゆっくり貝の身を消化する。

## 海に真水はない。海の魚は海水を飲んで大丈夫か？

海の魚も生きていくためには水分が必要である。海に真水はないから海水を飲む。しかし、海の魚の体液塩分濃度は海水の約3分の1、そのままだと浸透圧で体内の水分はエラや口から出ていく。浸透圧というのは濃度の薄いところから濃いところに水分が移動する現象のことである。

水分が移動したままでは脱水状態となるので魚は海水を飲む。しかし、海水の濃度は体液の3倍なので濃すぎる。そこで、余分な塩分はエラの塩類細胞に集め捨てている。また、尿からも出す。その結果、体液塩分濃度は淡水魚と同じ水準に保たれるのである。

## タツノオトシゴはなぜ、オスから子どもが生まれるか？

タツノオトシゴは小型の竜のような姿形で突っ立って漂っているのを磯浜で見かけることがある。水族館でも見ることができる。このタツノオトシゴ、不思議なのは、オスの腹から子どもが生まれてくることである。どうなっているのか？

それは、メスがオスの保育袋に産卵するからである。子どもが保育袋にいっぱいになると、オスは1匹ずつ海中に送り出す。その様子からオスが出産しているように見えるが、実は、育てているだけである。

## 水面で口をパクパクさせている金魚は空気を吸っているのではない？

水槽が酸欠になって、空気を吸っているように見えるが、金魚に肺はないので、空気は吸えない。では、何をしているのか？　水面には、空気中の酸素が溶け込んでいるので水中より酸素濃度が濃い。そこで、魚は水面に上昇し酸素を補給しているのだ。パクパクしているのは、水面を揺らし、より多くの水を空気と接触させ、溶け込む酸素の量を増やしているのである。本当に酸欠がひどくなると、魚は、水底にじっとして動かなくなる。

## ヘビに丸呑みされた獲物は、その後どうなるか？

ヘビは胴体をパンパンにふくらませ、丸呑みした獲物を食道から胃、胃から腸へと送り消化する。

ネズミを丸呑みしたアオダイショウの解剖実験によると、食道のあたりでは、消化液で水びたしになっていた。毛はまだ残っている。しかし、胃から腸に送られると毛がなくツルツルになって、皮膚の一部が溶け始めていた。解剖実験はここまでだったが、この後、腸に行くと化学的な分解が進み、ネズミは完全に消化されてしまう。

## ヘビは自分の口より大きいブタでも丸呑み。どうやって?

熱帯には、自分の口より大きいブタでも丸呑みにする大型のヘビがいる。

どうやって呑み込むかというと、あごの関節が2つあって、口を大きく開くことができ、また、下あごが左右に分かれ、靭帯でつながっているので、くわえたまま少しずつ送り込むことができる。歯は細く鋭いが、噛み砕くことはできない。噛みつくのに都合よくできている。ブタをも呑み込むような大蛇は、獲物を絞め殺すので、呑み込んでから逃げられることはない。

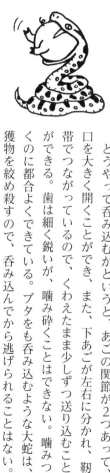

生きたまま呑み込んでも、内側に湾曲した歯によって、獲物が外に逃げられないようになっている。獲物は奥へ行くしかないのだ。

ブタを呑み込むのだから人間の子どもも捕まったら危ない。大人だってウカウカしてはいられないだろう。

## 毒蛇のマムシにマムシが噛まれたらどうなるか？

日本にいる毒蛇は本州にすむマムシと沖縄のハブ、それにごく弱い毒を持っているヤマカガシである。その中で、マムシは暗いところでとぐろを巻いていたり、草の中に潜んでいたりして、うっかりすると噛まれることもある。噛まれると呼吸困難になって死ぬこともあるので、医者に駆け込んで血清注射を受けなくてはならない。マムシが出没する地域の医者はたいてい血清を準備している。

それはさておき、マムシがマムシに噛まれたらどうなるかだが、仲間同士は毒に対する抵抗力があるので何ともない。というより、ヘビ同士は互いに争って相手を噛んだりしないのである。

## 本当に、空を飛べるヘビがいるか？　どこにいるか？

飛べるヘビはいる。インドネシアやフィリピンのジャングルにいるパラダイス・キノボリヘビという長い名前の毒ヘビである。飛ぶための羽や飛膜は持っていないが、腹側の皮をへこませて、高い木から低い木にパラグライダーのように飛ぶのである。主なエサはヤモリやトカゲ、さらに地上のネズミなどの小動物だが、どれも動きが速いので、すばやく動いて先まわりしなくてはならない。それには飛ぶことが大いに役立っている。

## カメレオンの舌は、なぜビューッと伸びるか？

カメレオンが体長の1・5倍もある長い舌をビューッと伸ばし、エサの昆虫を捕まえるのはよく知られている。では、その舌は、ふだんは口の中でどうなっているのだろうか？　長い舌をくるくる手前に巻いているマンガやイラストを見たことがあるが、

違う。実際は舌の根元から骨が伸びており、その周りにゴムの筒をギュッと縮めたようにして筋肉（舌）が収縮し、太く短くなって、口の中におさまっている。そして、エサの昆虫を見つけるとそっと近づき、舌先を少し出し入れして整え、瞬間、骨を前に押し出すのだ。すると、縮んでいた筋肉（舌）が押し出され発射する。舌の先には粘液がついているので、命中すると間違いなくしとめることができる。発射してエサを口に入れるまでの時間は20分の1秒だから、まさに、目にもとまらぬ早わざである。

また、外に飛び出た左右の目は、べつべつに動かせるので360度見ることができる。だから、エサの昆虫を見つけるのに苦労はない。もちろん、ヘビや鳥などの天敵もいち早く発見できる。体の色は周りに溶け込んで自在に変化するので、木々の間にいるとほとんどわからない。動きが超スローでも大丈夫だ。

## カエルは、なぜ生きた虫しか食べないか？

ほとんどのカエルは生きた虫がエサである。動いている虫しか食べない。目の前に虫を置いてやってもじっとしている間は何もしない。が、動くと長い舌をパッと伸ばして食べてしまう。なぜ、動く虫しか食べないか？

それは、カエルの目が、動くものしか見えないからである。ふだん、その視界は濃い霧に包まれた灰色の世界なので周りにあるものをうまく見分けられない。が、動く虫がその中に登場すると浮き出て見える。その瞬間、舌をパッと伸ばすのである。

## カエルの上にカエルがたくさん乗っかっているのはなぜか？

交尾ではない。交尾とは、オスが外部生殖器をメスの生殖器に挿入し体内で受精させることをいう。カエルや魚類は外部生殖器がないので交尾はしない。体外で受精する。卵が十分成熟したメスは田んぼや水辺で産卵を始める。そのとき、オスが背中に乗っかり、卵の上から精液を放出し、その場で受精卵をつくる。卵に精液をかけるだけなので1対1でなくてもよい。たくさん乗っかっていてよい。

## 生まれたばかりのカタツムリは、カタツムリの形をしているか？

カタツムリは水中の貝と同じ軟体動物の仲間だが、陸上生活をするための肺を持っているところが少し違う。

また、貝類は卵から幼虫、幼虫から貝へ変態して成長するが、カタツムリは変態しない。卵から生まれたときすでに直径4ミリメートルくらいの殻を背負って、親と同じ姿形をしている。ただ、親の殻の渦巻きが5巻き半なのに対し子カタツムリは1巻き半しかない。

## トカゲのしっぽはどうして切れるのか？

トカゲは都会ではあまり見かけないが、田舎ではチョロチョロ這いまわっている。

そのしっぽは、はじめから、切れるところが決まっていて骨に割れ目が入っている。

ヘビや鳥に襲われ危機一髪になると自分でしっぽを切り離す。そして、ピンピン跳ねるしっぽに敵が襲いかかっている間に、トカゲ本体はまんまと逃げおおせるのだ。

## 水の上を走って逃げるトカゲは、なぜ沈まないのか？

そのトカゲは中央アメリカのジャングルにいるバシリスクである。昔、日本の忍者がお城の堀を渡るとき、右足が沈む前に左足を出し、左足が沈む前に右足を出して渡るというマンガがあった。なるほど、それなら水の上を歩けるが、ほんとうに、そんな忍者がいたとは思えない。

が、バシリスクはほんとうに水の上を2本足で走る。その秘密は、うしろ足2本の指にあるウロコである。指を開くとウロコが広がって足が大きくなり、水の表面張力に乗ってすべらせることができる。たいらな石を水平に投げて水面をタッタッタと走らせる「水切り」という遊びがあるが、あの石のように、水面を走るのだ。ふだんは水辺の木の上にいるが、逃げるときや、エサを求めて場所を変えるときは、泳いだり、走ったりして移動する。10メートルくらいは水面を走ることができる。

## アメンボはなぜ、水の上を歩けるか？

池の水面をスイスイすべるように動いているアメンボは、捕まえて嗅いでみると甘い芋飴の匂いがする。そこから「飴棒」と呼ばれていたのが音転化してアメンボになった。アメンボが水の上を歩けるのは、足が沈まないからだが、その秘密は足の先端を観察するとわかる。アメンボの足先には細かい毛がびっしり生え、この毛が水をはじく油のような液体で覆われている。そこに体重がかかると、水の表面をへこませるが、水の表面張力によって上向きの力が生じ体を支えることができる。水の表面張力は、水面に1円玉を浮かせてみれば観察できる。

## クモの糸はなぜ、次から次へと出てくるのか？

クモの体の中には、粘液状の「糸のもと」が入っている袋があり、尻の糸いぼから出て空気に触れると糸になる。糸いぼは200個近い出糸管からできており、1本に見える糸も実は何本もの糸が合わさってできている。糸は出糸管のどの管を通るかによって、巣を張る糸か、獲物をぐるぐる巻きにする糸か、卵を守る糸か、その用途が違ってくるのである。

## クモはネバネバの自分の網になぜかからないか？

いったん昆虫が網にかかるとクモはスルスルと近寄り、ネバネバの糸でがんじがらめにしてしまう。こうなったら獲物は一巻の終わりだが、それにしてもネバネバの糸にクモ自身は絡まれないのだろうか。その心配は無用である。クモの足からは油がにじみ出て絡まないようになっているからだ。その証拠にクモの足をベンジンで拭いて油を取ると網の上を歩けなくなる。

## 何でも襲うメスグモにオスグモが襲われない理由とは？

阪神タイガースのユニフォームに似たまだら模様のジョロウグモは不気味だ。網を揺らした虫に反射的に襲いかかる。仲間のオスでも不用意に揺らすと攻撃する。ところが、受精に訪れたオスは、ビクビクしながらもメスに近寄り、自分の精液を足に振りかけてメスの生殖門に押し込むことができる。それは、オスが網に入るとき、あらかじめ決められた揺らし方でメスに信号を送っているからである。しかし、受精がすむとメスはオスをその場で食べてしまう。

## セミは逃げるときどうしてオシッコをするか？

セミを捕まえようと、捕虫網を構えたとたん、ビッと鳴いて逃げるセミのオシッコを顔に浴びたことがあるだろう。セミは木の汁を吸って生きているが、栄養補給のためにかなりの量の汁を吸わなくてはならない。このためオシッコもたくさん出す。セミの天敵は昆虫を餌にしている小鳥だ。襲われそうになったらすぐ逃げなくてはならないが、しつこく追いかける小鳥もいる。逃げおおすには体が軽くなくてはならない。だから、オシッコをして逃げるのだ。

## セミの幼虫は早朝に脱皮するのではない。いつ脱皮するか？

地中から地上に出てきたセミの幼虫が脱皮し、成虫として飛べるようになるには10時間かかる。その間は身動きできない。もし、天敵の小鳥に見つかったら食べられてしまう。

その危険を避けるため、セミの幼虫は、本能の命ずるところにしたがって、小鳥が活動しなくなる夕刻に土中の穴を出て、夜の間にゆっくり成虫になる。小鳥が活動を始める早朝には、木の枝の間に隠れたり、襲われても飛んで逃げられるようになっている。キャンプなどで早朝に見かける羽の柔らかいセミは、夜の間に脱皮を無事完了したセミである。早朝に脱皮するのではない。

## クワガタはひと夏だけの寿命ではなかった？

夏が終わりに近づくとセミの死骸が目につく。セミだけではない、カマキリ、バッタ、カナブン、カブトムシなど、元気のよかった昆虫はみんな死んでしまう。だが、なぜかクワガタの死骸は目につかない。
四季のある日本では、高温の夏に元気だった昆虫は、厳しい寒さの冬は卵でやりすごすか、幼虫として土中深くもぐってしのぐ。そんな中でクワガタの仲間は、樹木や枯れ木の奥にもぐり込み、成虫のまま2～3年を生き延びる。だから、夏が終わっても死骸をあまり見かけないのだ。人気のオオクワガタは6年生きた記録があるという。

## ホタルを何匹集めると新聞が読めるか？

中国の晋の時代に車胤《しゃいん》という勉強家がいた。家が貧乏だったので明かりを灯す油が買えなかった。そこでホタルを数十匹集めて袋に入れ、その明かりで本を読んだ。また同じ時代に、孫康《そんこう》という人も家が貧しく、冬は窓の雪に反射する月明かりで勉強した。この2つのエピソードにもとづく故事が「蛍雪《けいせつ》の功」である。

では、ホタル数十匹で、本当に勉強ができる明るさになるかだが、実際に調べたところ、書物が読める明るさにするには左右にそれぞれ1000匹必要ということだった。数十四では暗くて本を読めない。

## ホタルはなぜ、大きいのが源氏、小さいのが平家か？

源氏ボタル、平家ボタルというのは、ホタルの飛び交う様子を源氏と平家の争いに見たてたものだ。平安時代後期の武将、源頼政はおごる平家を討伐すべく１１８０年に兵を挙げたが失敗、宇治で自害した。後になって、この頼政の魂が怨霊となってよみがえり、源氏の一群を引き連れこの世にふたたびあらわれると考えられた。梅雨の終わり頃から飛び交う源氏ボタルがそれである。そして、小さい光を放つものは、源氏に対して平家ボタルというようになった。頼政の挙兵は失敗に終わったが、これを機に源平合戦が始まり、１１８５年に鎌倉幕府が成立するまで内乱が続いた。

## 「菜の葉にあいたら」「桜に止まる」チョウはいない？

「ちょうちょう　ちょうちょう　菜の葉に止まれ、菜の葉にあいたら　桜に止まれ」

という歌はチョウの研究家によると間違っているという。なぜなら、スミレを訪れたチョウは次もスミレ、菜の花を訪れたチョウは次も菜の花と、同じ花を訪れるからである。これは植物の受粉がうまくいくための自然の摂理である。だから「ちょうちょう　ちょうちょう　菜の葉に止まれ、菜の葉にあいたら　桜に」止まるチョウは、まずいない。いても例外である。

## アリを高層ビルから落とすと転落死するか？

人間とアリでは体の構造に大きな違いがある。人体は内部に硬い骨があるのに対しアリは外部構造が硬く、内部の柔らかい器官を守っている。この小さいアリが、高層ビルから落ちると、空気の抵抗を受けゆっくり落下し地面にたたきつけられることはない。落ちても硬い外部構造が内部を守るのですぐ元気に動きまわることができる。

## アリの巣は雨が降ったらどうなるか？

雨が降って巣のトンネルに水が入るのだったら、雨が降るたび大洪水となって巣をつくり直さなくてはならないが、当然、そんな非効率なことにはならないようにしている。観察すればわかるが、アリの巣があるのは縁の下、軒下、敷石の下、屋外では盛り土になっている斜面などで、少々の雨では影響を受けないところばかりだ。われわれにとっては小雨でも、アリには大洪水だから、巣は慎重につくられている。

## ミツバチの巣から女王バチを除くとどうなるか？

女王バチを中心としたミツバチの集団は、それ自体が1つの生物のようなものといわれるくらい組織的に機能しているが、もし、そんなミツバチの巣から女王バチを取り除くとどうなるか。実験をした人がいる。集団は大混乱すると予想されたが、事実は逆だった。すぐ、ハタラキバチが1匹の幼虫を選び、せっせとローヤルゼリーを食べさせ始めたのである。ハタラキバチはもともとメスなので、幼虫のときローヤルゼリーを食べさせると無条件に女王バチに

なるのだ。女王バチがいるときは食べさせないので、巣にはいつも1匹の女王バチしかいない。

## 女王バチも年を取る。その運命やいかに？

ミツバチの集団で女王バチの地位は揺るぎない。が、女王バチも年を取る。産卵できなくなる。そのときは、どうしているか？　前項で書いたが、ハタラキバチは幼虫にローヤルゼリーを与え、いつでも女王バチをつくることができる。女王バチが役立たずになったら、すぐ、次の女王バチをつくる。新しい女王は古い女王を力ずくで追い出してしまうのである。

## ミツバチは自分の巣箱がなぜわかるか？

ハタラキバチは蜜を集めるため、巣箱から1キロメートル以上遠くまで行き、毎日、何回も往復する。巣に帰るときは、複眼を使って太陽の位置を確認しながら方向を定めていることがわかっている。さて、巣の近くに戻ると同じような巣箱がたくさん並んでいるが、どうやって自分の巣を見つけるのだろうか。これについては、巣箱の並べ方を変えたり、巣箱に色を塗ったり、さまざまな実験で確かめられている。それによると、ミツバチは巣箱の周りの様子を何となく記憶しているようなのである。だから、周りの様子を模様替えすると巣に帰れなくなる。

## 夏の夕刻に見かける蚊柱はオスの群れ。メスはどこに？

夏の夕刻、木陰や軒下でワンワン群れ飛んでいる蚊柱を見かけることがある。蚊柱の蚊はオスばかりだが、群れて何をしているのだろうか。メスを待っているのである。

蚊は触角の表面の毛で音（空気の振動）をとらえるが、メスは自分の仲間のオスが群れて発する一定の波長の羽音をキャッチする。すなわち、メスに羽音を聞かせるため、オスは群れて大きな音を出す必要があったのだ。オスの群れの羽音を聞きつけたメスは蚊柱に飛び込み、一瞬、その中の1匹と交尾する。交尾を終えたメスは、受精卵を成熟させるため、動物の血を吸うべくわれわれ人間を狙って飛来する。

## 夕焼け小焼けの「アカトンボ」はいない。なぜか？

アカトンボは、シオカラトンボ、イトトンボ、オニヤンマといったトンボの種類を指す名称ではない。ナツアカネ、アキアカネ、ノシメトンボといった、「秋に赤くなるトンボ」の総称である。都会でよく見かけるのはアキアカネ。このトンボは夏の間は山で生活し、秋になると産卵のため平地に降りてくる。そのときは、鮮やかな赤いトンボになっている。

## トンボは餌を捕まえるとき、大きな口は使わない？

トンボが止まって虫を食べているところを見かけることはあっても、虫を捕まえるところは見たことがないだろう。その姿形から、飛んでいる小昆虫を大きな口で捕まえるところを想像するが、そうではない。毛むくじゃらの足を虫かごのようにして捕獲するのである。そして、木の枝などに運び、落ち着いたところで食べる。

## 天井に止まっているハエはなぜ落下しないか？

引力は、地球上すべてのものに作用している。天井のハエも例外ではない。にもかかわらず、ハエは落ちてこない。なぜか？　それはハエの足先に毛の生えたじょく盤というものがあり、その先っぽから粘液が分泌され、この粘液にハエの体重を支えるだけの粘着力があるからである。じょく盤の毛はまた、味覚と嗅覚の感覚器官でもあるので、ハエは「手をすり足をすって」いつも磨き上げている。止まるだけで、それが食べられるものかどうかわかる。だから、われわれの食事中飛びまわって五月蝿《うるさ》いのだ。

## シロアリはアリではない。その正体は何か？

シロアリは木造住宅の大敵、巣食われるとちょっとした地震で家屋倒壊ということにもなりかねない。このシロアリ、名前はアリだが、実は、ゴキブリの仲間。そう聞くとますます憎たらしくなったのではないか。

ゴキブリは数億年前に発生したが、3億年前にその中から森の朽ち木を食べる種類があらわれ、樹木や枯木の中で一生をすごすシロアリに分化した。樹木や枯木の狭い空間にたくさんのシロアリが生活するので、アリのような共同社会ができた。1対の女王と王が何万個もの卵を産み、育て、森の朽ち木を分解して生活している。

# 4章

# お風呂の栓を抜くと、なぜ必ず左巻きの渦になるか？

【言われてみれば気になる】雑学

## 紙幣にはなぜ、肖像画を刷り込むか？

偽札をつくりにくくするためだ。人の顔には全体の印象の他、ホクロ、まゆ毛、ひげ、シワなど細かい部分も詳細に描き込まなくてはならない。細かければ細かいほど偽札はつくりにくく、また、偽札づくりが細部にとらわれればとらわれるほど全体の印象がゆがんでくる。日本で最初に肖像画紙幣がつくられたのは１８８１年、モデルは神功皇后《じんぐうこうごう》だった。

## 茶碗や湯飲みに、なぜ脚がついているか？

ほとんどの茶碗、湯飲みに脚がついているので、今さら疑問に思うことはないかもしれない。しかし、考えてみれば、ご飯や茶が入ればいいのだから脚はなくてもいいのではないかと思える。ならば、デザイン上の都合かというとそうではない。これは器を焼き上げるとき、変形するのを防ぐための工夫である。粘土の器を１２００度の高温で焼くと、20パーセントくらい縮む。その変形を脚で防いでいるのだ。

## すし屋の湯飲み茶碗は、なぜあんなに大きいのか？

今でこそすし屋はちゃんと店を構え、中には「高級」を売りものにしている店もあるが、もともと、といっても江戸時代の話だが、江戸前の握りずしは屋台のファーストフードだったのである。すし職人が1人で客の注文を受けて握り、会計までしていたのである。握りながらお茶をちょいちょい出すには手が足りない。そこで、最初に大きな茶碗にドンと入れて出し、後は握ることに専念した。その名残である。

## 郵便局の〒マークにはどんな意味がある？

外国の郵便のシンボルマークは、かつて郵便馬車が到着したとき、ラッパで町の人に知らせていたことからホルンのようなマークが多い。これに対し、日本の〒マークは、郵便が逓信《ていしん》といわれていたことから、そのイニシャルであるカタカナの「テ」をデザイン化したものだ。イギリスの制度にならって、逓信事業は、前島密《ひそか》によって、1871年4月20日に始められた。翌72年に全国に展開し、飛脚やかごに取って代わったのである。そこから制度が整えられ、〒のシンボルマークが決められたのは1887年である。

## 「くだらない」は「酒がくだらない」からくだらない？

日本酒は灘、伏見に代表される関西が本場である。江戸時代は、本場の酒はスギ樽に入れ、馬に揺られ、船に揺られて江戸に運ばれた。これを上方から江戸への「下り酒」という。揺られているうちに樽のスギの香りとほどよく混ざり、熟成し、うまい酒になった。一方、江戸でも酒はつくられたが、熟成が足りず、うまさで「下り酒」に劣る。つまり、「くだらない酒」だ。そこから「劣る」ことを「くだらない」というようになったのである。

## 宇宙という漢字は、なぜ「宇」と「宙」か？

宇宙という漢字がはじめて登場するのは、中国・前漢時代（紀元前2世紀頃）に書かれた淮南子《えなんじ》という書物だが、そこには「往古来今謂之宙、天地四方上下謂之宇」と書いてある。往古来今とは時間、天地四方上下とは空間だから、宇宙とは、時間と空間であるという説明になる。科学的に宇宙をとらえたのは、20世紀になってアインシュタインが登場し、空間の広がりだけでなく時間の要素も入れた「時空」という概念を使ってからだが、中国のこの書物はそのはるか以前に、時間と空間が宇宙の要素であることを指摘していたわけだ。西洋のユニバースやコスモスより東洋の宇宙の方が本質をとらえていたということになるかもしれない。

## 女性の口紅と神社の赤い鳥居の因縁とは？

現代の女性が口紅をつけるのは唇を美しく見せるためだが、本来、日本女性の口紅はそれだけでなく魔除けの意味が込められていた。神社に行くと赤い鳥居があり、建物のそこここに朱色が塗られている。巫女《みこ》さんの袴も赤い。赤い色は火の色に通じる神聖な色と考えられ、悪霊が入ってくるのを防ぐとされている。鳥居が赤いのは神社に悪霊が入らないようにとの配慮からであり、女性の口紅は悪魔が口から入らないようにという意味が込められていた。

## なぜ「李《り》下《か》に冠《かんむり》を正す」は間違いか？

人に疑いを持たれるようなことはしない、すなわち「正しい行いをする」という思い込みからか、もし、あなたがこの諺《ことわざ》を「李下に冠を正す」と覚えているなら、「李下に冠を正さず」と訂正しなくてはならない。李とはスモモの木のこと。スモモの木の下で冠をかぶり直すと、中に実を隠したと疑われるかもしれない。そんな疑いを招くようなことはしない方がいいという教えだ。中国の『古楽府《こがふ》、君子行《くんしこう》』の一節で、この節の前には「瓜《か》田《でん》に履《くつ》を納《い》れず」とある。瓜《うり》が転がっている畑で履が脱げても、かがんではき直してはいけない。

## なぜ、「娘十八、番茶も出花《でばな》」は間違いか？

この見出しを繰り返し読んでも、間違いは発見できないかもしれない。しかし、明らかな間違いだ。では、正しくは？　「鬼も十八、番茶も出花」である。この言いまわしは「ごく普通の娘でも、年頃になるときれいになる」という意味だ。だから、年頃イコール「娘十八」と連想するのだろうが、本来は、あの怖い鬼でも18歳の頃は愛くるしく、また、安物の番茶でも湯を注いだ出花は香りがよい。それと同じように、どんな娘でも18歳の頃は魅力にあふれている、ということだ。

## ワイングラスは、なぜ脚長チューリップ形か？

ビールのようにワインをごくごく飲む人はいないが、ワイングラスをわしづかみにし、速いピッチでボトルを空ける光景は居酒屋では珍しくない。しかし、ワインの飲み方は「ゆっくり香りを楽しみながら」が基本。だからグラスは香りが中によくたまるよう、口が小さいチューリップ形にしてある。また温まると香りが逃げるので、脚を長くし、手の温度が伝わらないように工夫してある。親指と人さし指で脚をつまみ、小指で台を押さえて、香りを楽しむのである。

## 料理屋や商家では、なぜ店先に塩を盛るか？

葬儀に参列すると塩を渡されるので、塩イコール「きよめ」と連想するが、料理店などの店先の盛り塩は「きよめ」ではない。

では、何のためか？　かつて、中国の皇帝は多くの妃《きさき》を持ち、夜ごと牛車で、住まわせている屋敷を訪問していた。妃の側からすれば、妃の数が多ければ多いほど、皇帝の訪問を受けるチャンスが少なくなる。競争が激しくなるわけだ。そこである妃は、皇帝の牛車を家の前に止めさせるためウシの好物の塩を大量に盛り上げた。草食動物は塩分が不足がちなので塩が大好物なのである。塩を見つけたウシはテコでも動かなくなる。そこで、皇帝は仕方なくその家の妃を訪問することになるという仕掛け。この話がもとになって、来てほしい人を招きよせるおまじないに盛り塩をするようになった。料理屋や商家にとって「来てほしい人」は「客」だから、盛り塩は客寄せのために盛ってある。

## 橋の欄干に、なぜ擬宝珠《ぎぼし》が置いてあるか？

よく見ると、大きな橋の欄干には擬宝珠というネギ坊主のようなものが取りつけてある。何のためか。擬宝珠は、大きな橋だと等間隔にある親柱すべて、小さな橋だと両端の柱に置いてある。その目的は安全無事を祈願するため。擬宝珠とは、仏教の「宝珠《ほうじゆ》に擬した珠《たま》」という意味で、宝珠は仏像の地蔵菩薩などが手のひらに載せている珠である。

お釈迦様の骨壺に擬した珠、あるいは、竜神の頭の中から出てきた珠といわれ、火に燃えることも毒に侵されることもない。人ののぞみをかなえてくれる不思議な霊力があるとされている。

## サッカーで3点以上を1人で取ることを、なぜハットトリックというか？

ハットトリックはもともとサッカー用語ではなく、クリケットの試合で生まれた言葉だ。それが、サッカーやホッケーの試合でも使われている。イギリスで人気のクリケットでは、1試合の中で同じ選手が3得点するとクリケットクラブから賞品として新しい帽子つまりハットが贈られた。これをハットトリックといった。最初は3連続得点に贈られていたが、最近は連続でなくてもいいことになっている。アイスホッケーでは観客が帽子をリンクに投げ入れる。

## うるう年が「必ず4年に1回」というのは正しくない？

西暦3000年は、4年ごとに巡ってくる「うるう年」に当たっているが、暦の上ではうるう年ではない。なぜかというと、今、われわれが使っている「グレゴリオ暦」はうるう年を400年間に97回と決めているからである。400年間に100回ではない。これは、正確に観測した1年の日数が365・2422日だからで、グレゴリオ暦はこれに近づけるため、1年の平均日数を365・2425日とし、303回の平年と97回のうるう年を400年とし、帳尻を合わせているのである。だから、4年ごとの年なのにうるう年でない年があり、その1つが西暦3000年というわけだ。

## 階段でタンスを運び上げるとき、上と下ではどちらが重いか？

引越しで、重い家具を2階に上げるのはつらい。では、運び上げるとき、上と下ではどちらが重いだろうか。上の人は「自分が重い」と思い、下の人は「重さは下にかかる」と、どちらも自分の負担が大きいと思うだろうが、事実はどうか。力学的には、平らなところでも階段のような斜めのところでも、2人にかかる重さは同じ。実際に計測すればわかる。

## 13日の金曜日は、なぜ「不吉な日」とされているか？

キリストが12人の使徒と自分の合計13人で最後の晩餐《ばんさん》をし、その中から1人の裏切り者が出たことから、13を不吉な数とする考えが生まれた。さらに、キリスト教ではキリストが受難した日（処刑された日）を金曜日としており、この2つが合わさって「13日の金曜日」を不吉な日と考えるようになった。ただし、キリスト教では受難の日を金曜日としているものの、日にちを13日と特定しているわけではない。

## 大相撲で、対戦する2人ともが休場したら勝敗は？

取り組みの両方の力士が休むことはまずありえない。というのは、一方がケガなどで休むことは前もってわかるので、もう一方は急病になったとしても、出場しさえすれば不戦勝になるからだ。しかし、それでも出場できなかったらどうか。かつて序二段で、不戦勝になるべき力士が遅刻して出場できなかったことがあり、その人は不戦敗となった。つまり、両方とも負けだ。

## 大型旅客機の愛称は、なぜ「ジャンボ」か？

1880年頃、ロンドン動物園にいたアフリカゾウに愛称をつけることになり、ケニアなど東アフリカの言語のスワヒリ語で「こんにちは」という意味の「ジャンボ」に決まった。これがよかったのか、このゾウに大変な人気が集まった。そこで、ある興行師が、サーカスのゾウとしてアメリカに連れていくことにした。すると案の定こちらでも人気が沸騰し、いつの間にか、大きなゾウのことを「ジャンボ」というようになった。イメージが定着したのだ。

さて、1970年、ボーイング社は大型ジェット旅客機を開発し、お披露目の見学会にジャーナリストたちを招待した。その中の1人が、このジェット機の、これまでにないズングリした形を見て、ゾウ（＝ジャンボ）を連想してしまった。そして「ジャンボ」という愛称をつけて記事を書いたのである。それ以後、ジャンボ機と呼ばれるようになった。

## ドライアイスから立ち上る白い煙を吸って大丈夫か？

ドライアイスは二酸化炭素を凍らせてつくったものである。それゆえモクモクと上がる白い煙は、ドライアイスが気化した二酸化炭素の煙と思うかもしれないが、そうではない。あれは空気中の水分がドライアイスに冷やされ霧状になったものだ。また、二酸化炭素が混ざっていたとしても、一酸化炭素ではないから人体に害はない。心配無用だ。

## 同じ$H_2O$なのに、なぜ氷は水に浮くか？

水と氷、どちらも$H_2O$の分子が集まっているが、集まり方が違うので比重が違う。氷はすべての分子が整然と並んでいるので分子と分子の間に隙間ができる。これに対し氷が溶けて水になると、分子はゴチャゴチャになり、分子と分子の間にも分子が入って、ぎっしり詰まった状態になる。1合升に米をきれいに並べて入れるより、揺らしながらゴチャゴチャ入れた方がたくさん入るのと同じだ。
すなわち、同じ体積の氷と水では、水の方が重くなる。つまり、比重が大きくなるので、氷が浮くのだ。

## 火事で黒焦げになった1万円札はどうすればいいか？

黒焦げにならなくても、お札が半分にちぎれ、半分がなくなるようなことは、商売をしていればよくあること。半分になった1万円札は使えるか。

これは、銀行に行けば教えてくれるが、黒焦げも半欠けもそのままでは使えない。

日本銀行の本店か支店に持っていき、ちゃんとしたお札に交換してもらうといい。交換には決まりがある。すなわち、お札がちぎれてなくなったときは、お札の形が3分の2以上残っていれば全額、5分の2以上なら半額である。また、黒焦げになったり、灰になったり、ボロボロになったときでも元の形が確認できれば度合いによって交換してくれる。

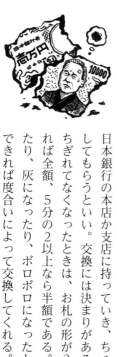

## お風呂の栓を抜くと、なぜ必ず左巻きの渦になるか？

お風呂の栓を抜くと、水があるところまで減ると必ず渦を巻く。不思議なことに、その渦はいつも左巻きである。なぜだろうか？

これは洗面所でやっても、台所でやっても同じだ。渦が左巻きなのは地球の自転のせいである。左巻きにさせる力は「コリオリの力」といい、北半球では、台風の渦も竜巻も風呂の渦も、すべて左巻きである。反対の南半球では右巻きだ。すなわち、この渦を見るだけで、地球が自転していることを自分の目で実感できるわけだ。地球の自転速度は赤道直下で秒速0・5キロメートルだから、時速に直すと1800キロメートル。東北新幹線「はやぶさ」の5・6倍である。

## 信号機の色は、なぜ赤、黄、緑か？

信号機の赤、黄、緑にはちゃんと理由がある。信号で一番大切なのは「止まれ」だが、これは、注意を喚起し、しかも、遠くからよく見える色でなければならない。それは、波長の長い赤である。例えば、夕焼けは赤く染まるが、あれは、地平線に沈みつつある太陽光のうち波長の長い赤が途中で遮られることなく届いているからである。他の色は途中で散乱してしまう。

　赤の次に波長の長い色が黄（橙《だいだい》）、赤系統ではない色で次に波長の長いのが緑である。すなわち、赤、黄、緑は遠くからよく見える、波長の長い3色である。だから採用された。

## なぜ、マラソンの距離は42・195キロメートルか？

　マラソンの42・195キロメートルはいかにも半端な数字である。45キロメートルとか50キロメートルという切りのいい距離ではない。それには次のようなエピソードがある。

　紀元前490年、マラトンでギリシャ軍がペルシャ軍を打ち破ったとき、1人の兵士が勝利の報を伝えようとアテネまで走ったのがマラソンの由来とされている。このとき走った距離は36・75キロメートルである。第1回のアテネ大会（1896年）から第3回まではこの距離だったが、第4回ロンドン大会（1908年）で26マイル（41・842キロメートル）に変更された。これは国王の住むウィンザー城からシェファードブッシュ競技場までの距離である。ところが、王妃アレクサンドラがこれに注文をつけ、「スタートは城の庭、ゴールは競技場の貴賓席の前」と言ったため、急きょ、調整された。その距離が42・195キロメートルだった。

その後、第8回パリ大会（1924年）からこの距離がマラソンの競技距離として正式採用された。

## ガス管の中のガスにコンロの火は逆流しない。なぜか？

ガス管の中は100パーセント、ガスが充満しているから危険な感じがする。しかし、別の言い方をすれば、100パーセント、ガスが充満していて、ガス管の中には他のものは何もない。すなわち、ものが燃えるときに必要な酸素もない。だから、燃えないのである。また、管の中の温度はガスの発火点よりずっと低いので、何かの加減で酸素が入ったとしても発火しない。火は逆流しないようになっている。

## テフロン加工のフライパンはなぜくっつかないか？

昔のフライパンはくっつくので油を引いたが、今はテフロン加工だからくっつかないのが常識。電気釜も同じくテフロン加工でくっつかない。主婦から人気が高く、洗いものもすぐに片づくスグレものだ。なぜ、くっつかないのだろうか。

テフロンはフッ素と炭素でできているが、その特徴は「表面張力がきわめて小さい」ことにある。これがくっつかない秘密だ。水と油でわかるように、表面張力の小さい油と表面張力の大きい水は混ざり合わない。はじき合う。テフロンの表面張力はきわめて小さいので水分とはじき合ってくっつかないのである。水で洗いやすいのも同じ理由だ。

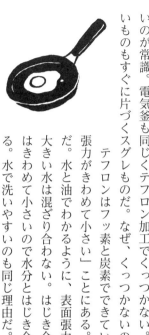

## 初日の出が最初に見えるのは、なぜ一番東の根室でなく千葉の犬吠埼か？

初日の出は、昇ってくる太陽に一年の健康と平安を祈る。平地で最初に日が昇るのは千葉県・犬吠埼の午前6時45分頃。一番東の北海道の根室より早い。それは、この時期の太陽が、真東ではなく東南東から昇ってくるからである。

## 「桃栗三年、柿八年」。では梅は何年か？

桃と栗は種を植えてから実をつけるまで3年、柿は8年かかる。つまり、なにごとも時間をかけ地道に努力してこそはじめて大きく実をむすぶというのが「桃栗三年、柿八年」の教えだが、この言いまわしに続きがあることはあまり知られていない。それは「梅は酸《す》い酸《す》い十三年、柚《ゆず》のバカ野郎十八年」というものだ。ただし地域によって少し異なる。また、桃、栗、柿の前半で諺としては成立しているので後半を耳にすることはない。

## ジャパンは日本だが、もうひとつ別の意味がある。何か？

漆器《しっき》である。漆器は中国、韓国、タイなど漆《うるし》の木がある国でつくられているが、日本では、縄文遺跡の鳥浜貝塚（福井県）から容器が出土していることからわかるように、約6000年以上の歴史がある。塗られた漆が硬くなるために湿度が必要だが、日本の高温多湿の気候が漆工芸技術の発達に欠かせない条件を満たしていた。その結果、他国では見られない繊細優美な漆器がつくられてきたのである。ジャパンは外国でも高く評価されている。

## 一番多い神社は、稲荷《いなり》か八幡《はちまん》か伊勢《いせ》か住吉《すみよし》か？

神社の数は約8万社とされるが、そのうち3万2000社が稲荷神社である。一番多い。これは神社本庁でわかっている数だが、この他に、路地裏やビルの屋上、個人の庭の社などを入れると膨大な数に上る。そんなに広く信仰を集めているのは、稲荷神社が「稲成《いなり》」すなわち稲（米）の成長するエネルギーを秘めた神様だからである。そのエネルギーが、室町時代に商業が盛んになると商売繁盛の神様となり、今も人気を博している。

## なぜ、バレンタインデーは2月14日か？

3世紀頃、ローマ皇帝クラウディウス・ゴティクスは、愛する人を故郷に残してきた兵士は戦闘意欲が劣るという理由から結婚を禁止した。しかし、キリスト教司祭だったバレンタインはそんな若者たちを哀れに思いひそかに結婚を取り持った。だが、皇帝に発覚し2月14日に処刑された。このためキリスト教では殉教《じゅんきょう》したバレンタインを聖人とし、この日を恋人たちの祝日とした。ただし、女性がチョコレートを渡すのは日本だけだ。

## マンションなどでは、なぜ神棚の上の天井に「雲」の字を貼るか？

昭和の時代までは多くの家に仏壇と神棚があった。仏壇は先祖の供養をし、神棚はその家を守ってくれる神様を祭ったのである。仏壇は仏間か居間に置き、神棚は仰ぎ見る位置に置いた。神様を足の下にしてはバチが当たるから、その部屋の上には2階を設けなかった。だから、マンションの下層階や2階のある部屋に神棚を置く場合は、「上には何もありません」という意味の「雲」と書いた紙を天井に貼るのである。

## なぜ、桜の下に入って花見をするか？

外国人も庭園に行ってバラやボタンを観賞する。しかし、花の下に入って弁当を食べ、酒をくみ交わすのは日本人だけである。桜の木には木花咲耶《このはなさくや》姫という女神が宿っており、満開の花から、その恩寵をいただく。集った皆が、わきあいあいと親交を深め、絆をより強くすることができるのである。また、満開の桜の精気を浴び、心身に生命力を吹き込んでもらうという自然信仰もある。

## 潮干狩りの「狩り」と紅葉狩りの「狩り」は同じか、違うか？

潮干狩りは貝を採《と》るから「狩り」、紅葉狩りは紅葉を見るだけだから、「狩り」といってもちょっと意味が違うと思うかもしれないが、同じである。なぜなら「狩り」とは、家を出て野外で遊ぶことだからだ。昔は花見は桜狩り、鮎《あゆ》釣りは鮎狩りといっていた。４月に潮干狩りをするのは、春の貝がおいしいからだが、同時に、もっとも大きく潮が引く大潮の干潮時間が一年を通じて一番長いからでもある。

## 海水浴のお楽しみ。スイカ割りは、なぜ失敗するか？

夏の海水浴のお楽しみといえばスイカ割り。だが、やったことのある人はわかると思うが、簡単そうで案外むずかしい。なぜかというと、同じように見えて、右足と左足は同じではないからだ。

目を閉じて片足で立ってみよう。あなたはどちらの足で立つだろうか？　たぶん左足だろう。ボールを蹴るのは？　右足だろう。たいていの日本人は、足の裏の着地面積が左の方が広く、歩くときも左の方がやや着地時間が長い。このため、左右の足の踏み込みが違うので目をつぶるとまっすぐ歩けないのである。

## 富士山の山頂には、なぜ持ち主がいるか？

富士山は静岡県と山梨県にまたがり、山頂が県境となっているので持ち主はこの2県かそのどちらか、あるいは、富士箱根伊豆国立公園に指定されているので国か、あるいはこの3者の共有のどれかと思うだろうが、そのどれでもない。持ち主は、静岡県富士宮市にある浅間神社《せんげんじんじゃ》（正式には、富士《ふじ》山本宮《さんほんぐう》浅間大社《せんげんたいしゃ》）である。

なぜか？　静岡県側の富士宮口登山道から富士山に登った人は頂上の浅間大社奥宮に参拝したと思うが、「奥宮」という呼び方でわかるように、山頂は浅間神社の境内である。このことは、1974年に静岡県、山梨県、浅間神社の間で裁判が起こされ、最高裁判所が、「八合目以上を浅間神社のもの」とする徳川幕府寺社奉行の古文書、また、山頂に奥宮があることなどを理由に、八合九勺から上の山頂は浅間神社、そこから下の静岡県側は国、山梨県側は県の所有という判決を下し確定している。

では、山頂の住所表記はどうなっているかというと、それはない。ただ、夏の間だけ富士山頂郵便局が開かれるので郵便番号はある。「〒418―0011」だ。

## お釈迦様が生まれた4月8日を祝う祭りは、なぜ花祭りか？

伝説によると、お釈迦様の母親が、月満ちて実家でお産をするため帰宅する途中、無憂樹《むゆうじゅ》の花が目にとまったので、枝を折ろうと左手を伸ばしたところわきの下から赤ん坊が飛び出したという。その子は四方に7歩ずつ歩み、右手で天を指し、左手で地を指し、「天上天下唯我独尊《てんじょうてんがゆいがどくそん》」と言った。

こうして誕生したのがお釈迦様だが、母親が花に手を伸ばしたときに生まれたので、その日を花祭りとして祝うのである。なお、花祭りでお釈迦様の像に甘茶をかけるのは、誕生の時、竜が天から甘露の雨を降らせ、産湯につかわせたという伝説による。

## 葬列に行き会ったら、なぜ親指を隠すか？

葬列に行き会ったら、「親指をにぎって隠せ」といわれる。親指を見せると、親が早死にしたり、親の死に目に会えないからだといわれるが、理由はそれだけではない。昔は、疫病が多発し、それらは皆、邪悪な「何か」が体に入り込んで起こると考えられていた。そして、それは親指から入ってくるとされた。亡くなったばかりでまだあたりをさまよっている死者の魂も親指から入り、そのままあの世に連れていかれると考えられた。だから、死者の魂が入ってこないように、「親指は隠せ」といわれている。

## お寺におまいりするとき、なぜ手を合わせるか？

神社におまいりするときは拍手《かしわで》を打つが、お寺では手を合わせる。これは、古く、お釈迦様の時代から伝わるインドの礼法で、両の手のひらと指をまっすぐ伸ばし、ズレや隙間がないようにぴったり合わせるのが正式とされている。もちろん、ぴったりでなくて、ただ合わせるだけでもよい。インドでは右手を清浄、左手を不浄とし、この両方を合わせることによって2つが高められ、真実の心があらわれると考えられている。ふだんの挨拶でも、インド人は両手を合わせる。

## 羽根つきで負けたら、なぜ、顔にスミを塗るか？

室町時代から男女対抗の羽根つきが行われていた。羽根は無患子《むくろじ》の黒い実に羽根をつけたものだ。無患子は字でわかるように「子が患《わずら》わ無《な》い」、すなわち女の子の健康を祈願したものだった。だから江戸時代の武家は、女の子が生まれると年末のお歳暮に健康祈願の羽子板を贈った。正月に羽根つきをするのはその羽子板を使ったからである。

また、負けた方にスミを塗るのは、特定の人をみんなで大笑いし、悪霊を追い払うのが目的である。

## なぜ、床の間に上がってはいけないか？

最近は、床のある家が少なくなったので知らないかもしれないが、かつての日本家屋には客間の一角につくられ、そこには、掛け軸や生け花が飾られていた。その源流は室町時代の書院造りである。悟りを開くための書院に床の間をつくり、神や仏の絵を飾ったり、尊い文言の掛け軸をかけ、供え物をして祭ったのである。神仏の居場所だ。神聖な場所だから床の間に上がってはいけないといわれてきたのである。

## なぜ初夢は「一富士、二鷹《たか》、三なすび」がめでたいか？

初夢で一年の吉凶を占うのは4世紀の垂仁《すいにん》天皇の頃から行われていたらしい。室町時代には、いい夢を見るため七福神を乗せた宝船の絵を枕の下に入れて寝た。これは今も行われている。江戸時代になると、めでたい夢は、天下を取った徳川家康にあやかるのがよかろうと、出身地・駿河名物の「一富士、二鷹、三なすび」となった。そのココロは、富士は「無事」、鷹は「高い」、なすは「成す」につながるとされているのである。

## 鏡開きでは餅をなぜ切らずに割るか？

鏡餅というのは、魂を写す鏡（銅鏡）の丸い形からきたとされている。しかし、そうではないという人もいて、歴史家の樋口清之《ひぐちきよゆき》氏は「飾餅《かざりもち》」が音変化して「鏡餅」になったとしている。さて、1月11日の鏡開きに、大きな鏡餅を槌で「割る」のは、武家で、「切る」が切腹につながると考えられたからである。また、餅を割るのに「開く」というのも、「割る」がよくない言葉だからである。縁起をかついでいるのだ。

鏡餅を飾るのは12月28日がよいとされている。数字の八が末広がりで縁起がよいとされているからである。29日は「にくたらし」、あるいは九が「くるしむ」につながるのでよくない。

## 日本人はなぜ、下級の者から紹介するか？

欧米諸国に限らず外国人はトップから順に紹介するが、日本人は下級の者から紹介し、トップは最後である。作法の違いだからいいのだが、なぜだろうか？　それは日本家屋の構造に理由がある。伝統的な日本家屋では、訪問客は門で姓名を名のり、玄関で使用人に取り次いでもらう。そして、使用人から秘書、秘書から主人へといく。つまり、最後にトップにいくのは日本家屋の方式なのだから外国と違うのは仕方ないのである。

## 男性が女性に握手を求めてはいけない？

右手で握手をするのはほとんどの人が右利きだからで、利き手に武器を持っていないことを相手に知らせる意味がある。握手は、現在では日本を含め世界中で行われている。握手を求めるのは上の者からというのが基本だから、自分が、相手より若いか下級だと思ったら手を差し伸べられるまで待つ。また、女性に対しては、男性の方から握手を求めるのは非礼とされているので、相手が手を差し出すまで待たなくてはならない。

## なぜ「タンスは桐《きり》に限る」といわれるか？

桐の板を持ってみればわかるが軽い。内部に気泡状の空洞がたくさんあるからだ。このため断熱効果が高く外部の温度に左右されにくい。江戸時代には、特に江戸市中で火事が頻繁にあったが、桐のタンスであれば中まで熱が通らないので衣類は無事ということがよくあった。また、消火の水がかかっても吸収し、膨張して隙間を密閉するので、中のものは守られる。これが広く知られるようになり「タンスは桐に限る」となった。

## 雛《ひな》人形の男雛《おびな》は向かって右か左か？

明治時代まで宮中の並び方は、天皇が左、皇后が右だったので、雛人形も男雛は左（向かって右）、女雛《めびな》は右だった。しかし明治の文明開化によって洋風化が進み、その後、即位した大正天皇は西洋流に右に立ち、皇后は左に立った。昭和天皇もそうした。これにならい東京では男雛を右（向かって左）に置くようになった。しかし、京都では昔ながらの男雛が左の置き方である。東京流か京都流か、どちらがいい、という決まりはない。

## 夏祭りは同じ祭りでも、春祭りや秋祭りとは違う。なぜか？

豊作を願う春祭り、収穫を祝う秋祭りは農業の祭りである。これに対し、祇園祭に代表される夏祭りは、平安時代の８６９年5月20日に行われた御霊会が始まりとされ、怨霊の怒りをしずめ、追い払うための祭りである。上下水道が整備されている現代生活と違い、昔の都市はゴミが放置され、下水が道にしみ出し、不衛生きわまりなかった。このため夏になると赤痢や疫痢など疫病が多発し死者もたくさん出た。人々はこれを怨霊のたたりと考え、荒ぶる霊《たましい》をしずめようと祭りを行ったのである。

## なぜクモの糸でつくった布がないか？

絹はカイコが吐き出した繭《まゆ》の糸からつくられる。ではクモの糸からはどうか？クモの巣はセミやカナブンのような頑丈な昆虫が暴れても切れない。オニグモの糸だと80グラムの重さに耐えられるという。昔は、靴下や手袋をつくったこともあるそうだ。それが量産化できなかったのは、クモ同士は仲が悪く、攻撃し合うので、カイコのように一カ所でたくさん飼うことができないからだ。生きたエサを毎日たくさん集めるのもむずかしい。

## アジサイの漢字「紫陽花」は、本当はアジサイではない。なぜか？

梅雨時の花といえばアジサイである。アジサイが漢字で「紫陽花」であることはすべての国語辞典にのっているので間違いではない。が、本当は間違いだ。植物学者の湯《ゆ》浅浩史《あさひろし》氏によると、「紫陽花」は唐の詩人・白居易《はくきょい》（白楽天《はくらくてん》）の詩にあった漢字を、平安時代（930年頃）の学者・源順《みなもとのしたごう》がアジサイに当てたもの。が、白居易のいう花は、実はライラックのことだった。1000年以上も誤用が続き、今も間違ったまま使われているのだ。

## 新幹線のプラットホームでは通過電車に引き込まれそうになる。なぜか？

新幹線・新神戸駅のプラットホームで、通過する「のぞみ」に引き込まれそうになったことがある。柵につかまって難を逃れたが、なぜ通過電車に引き込まれそうになるのか。

実験してみよう。2枚の紙を、少し間を開けてぶら下げ、その間を手刀でさっと切る。2枚の紙は下の方で近づくだろう。これは、瞬間的に、その空間の気圧が低くなったことを示している。同じことが通過電車とプラットホームにいる人との間でも起こるのである。

# 5章

# 夏、木陰に入ると
# ヒンヤリするのはなぜか？

【植物・自然】雑学

## アサガオ、ヒルガオ、ユウガオ、ヨルガオのうち、仲間はずれは？

アサガオは早朝に花が咲き、日が高くなるとしぼむ。ヒルガオは早朝に開花するが昼になっても咲いている。ユウガオは夕方に咲き、翌日の午前中にしぼむ。ヨルガオも夕方から夜の間ずっと咲いて翌朝しぼむ。このうちアサガオ、ヒルガオ、ヨルガオはヒルガオ科、ユウガオはウリ科である。ウリだから実がなる。それを細く剥《む》いて干したのが干瓢《かんぴょう》である。巻き寿司の具にしたり、昆布巻きをむすんだり、煮物、汁物にして食べる。

## 桜は全国で咲くのに、サクランボの産地が山形など限られているのはなぜか？

サクランボは「桜の実」という意味の「桜の坊」が変化したものだが、この桜はいわゆる花見の桜とは種類が違う。イラン北部からヨーロッパ西部に生えていたセイヨウミザクラという種類を明治のはじめに、ドイツ（当時はプロシア）の貿易商R・ガルトネルが北海道に植えたのが始まりで、その後、品種改良が加えられ、甘くて大粒の佐藤錦《にしき》などになった。花見の桜は、実がついたとしても小さく、サクランボにはならない。

## マスクメロンの「マスク」は網目のことではない？

メロンには、表面がツルッとした種類と網目のある種類がある。網目があり、高級メロンの代名詞となっているマスクメロンは、1925年、イギリスから伝わったアールスメロンの日本での呼び名である。イギリスではもう栽培されていないという。1998年、イギリスのサッチャー元首相が来日したとき、元祖イギリスのこのメロンの美味に驚嘆し、さらに1株に1個の実という独特の栽培法にもう一度驚嘆したというエピソードは有名である。

さて、マスクメロンの「マスク」だが、網が「仮面」のように見えるのでマスクだと思われているようだが、そうではない。

マスクとは、じゃ香の香り「ムスク」のことである。じゃ香のように素晴らしい香りのメロンという意味だ。

## 公園の松にわらを巻きつけるのは防寒対策ではない？

冬支度が始まると、日本庭園や公園の松にわらが巻かれる。「こも巻き」と呼ばれる。が、これは松の木のための防寒対策ではなく、松くい虫退治が目的である。寒くなると、寒さに弱い松くい虫はだんだん下に降り、温かいわらの中にもぐり込む。春になってこれらもぐり込んだ虫が動き出さないうちにわらをはずして燃やし一網打尽にするのだ。

## 高い樹木のてっぺんまで水が行きわたるのはなぜか？

高くそびえている樹木を見上げるとてっぺんまで青々と葉が茂って勢いがある。水分が十分行きわたっているのだ。さて、樹木は地中の水分を根から吸い上げてっぺんまで届けるわけだが、その仕組みの1つは蒸発力だ。葉がどんどん水分を蒸発させ、その力で導管の中の水を上に引っ張り上げるのである。もう1つの仕組みは根圧である。根が強い力で、吸い上げた水を押し上げるのだ。この2つの力で樹木全体がイキイキとしている。

## ハスとスイレンは、どこが違うか？

地下茎がレンコンになるのはハスで、フランスの印象派画家クロード・モネが描いたのはスイレンである。スイレンは漢字で「睡蓮」と書く。3日間だけ咲く花が、夜になると閉じ、その姿が睡《ねむ》っているようなので睡蓮の字が当てられた。水蓮ではない。

両方とも水中で育つが、スイレンの葉には大きな切れ込みがありハスにはない。スイレンの花は水面すれすれに咲くがハスの花は茎が高く伸びて咲く。これだけ知っていれば見分けはつくはずだ。

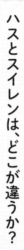

## 卒業記念に木の幹につけた彫り込み、30年後にははるか上の方に？

卒業記念につけた幹の彫り込みを、30年後の同窓会で見に行ったとしよう。幹のどの高さにあるだろうか？　はるか上の方に行ってしまっているだろうか？

そうではない。同じ高さのところにある。樹木の一番上にある芽は細胞分裂しながらさらに上に伸びていく。しかし、幹は、樹皮のすぐ下の部分が毎年細胞分裂して太くなるだけで、上には行かない。てっぺんだけが上に伸び、幹は年々太くなって、樹木は全体が大きくなるのである。

## なぜ、幹が空洞の桜の木に花が咲くか？

桜の古木には大きな洞《ほら》が開いているものが珍しくない。洞の上に桜が満開になる。桜以外でも、いろんな古木に大きな穴ができているのをよく見かける。もちろん葉が茂って元気だ。幹に穴が開いていて樹木は何ともないのだろうか。

大丈夫である。樹木の幹は樹皮とその下のわずかの厚みを除き、生命活動とは直接関係ない。中身は樹木を支えているだけだ。活動をしているのは、樹皮のすぐ下で水や養分の通り道となっている導管部分と、その下にあって、幹を太くする分裂組織の薄い箇所だけである。樹皮を剥《は》ぎ取ってしまうと樹木は枯れるが、中身に少々穴が開いていても問題はない。

## キウイをリンゴと一緒にしておくと熟してくる。なぜか？

庭のキウイの木にできる実は、早めに採り、リンゴと一緒に保存すると早く熟す。また、ジャガイモはリンゴと一緒に箱に入れると芽が出ない。

リンゴにこのような作用があるのは、リンゴがエチレンガスを放出するからである。エチレンガスには植物の「成熟を促進する作用」「生長や開花を抑制する働き」があり、キウイの場合は成熟が促進され、ジャガイモの場合は芽の生長が抑えられるためだ。緑黄色野菜はこの作用で葉が黄色くなるので、冷蔵庫ではリンゴと一緒にしない方がいい。

## ミカンの中袋についている白い筋は何か？

ミカンでも夏ミカンでもハッサクでも、皮をむくと白い筋がある。食べても味はないが、実はこれ、なかったら実ができないという非常に大切なもの。維管束《いかんそく》という。水や養分の通路である。ミカンだけでなく、例えば、レンコンを食べると糸を引くが、これも同じもの。すべての水や養分が維管束経由ではないが、もし、これが断たれるとその部分は枯死する。

## アジサイの花の色はどんどん変わる。なぜか？

はじめ緑の花がつき、淡い黄に変化した後、白、青、淡い紅、紫へとアジサイの花は色が変化し、長い間楽しめる。

花の色が変わるのは、アジサイにいろいろな色素が含まれているからだ。はじめの緑色は葉緑素のクロロフィル、緑色が色あせると黄色のカロチノイドが勢力を増し、黄色が終わるとフラボンによって白くなり、またしばらくすると葉っぱの中でつくられたアントシアンがまわってマグネシウムと結合し青くなる。その後、細胞液の酸でこれが分解されて赤くなり、最後は、カリウムと結合して紫となるのである。

## 夏、木陰に入るとヒンヤリするのはなぜか？

真夏にクスノキやスズカケの木陰に入ると、日陰だから涼しいのはもちろんだが、それ以上に、何かヒンヤリとした感じがする。なぜだろうか。それは、木の葉にある無数の気孔から水分が大気中に放出されているからである。水分は空気を冷やすだけでなく、気化熱として大気中の熱を奪う。だから、樹木の周りはヒンヤリとしているのである。打ち水をすると涼しくなるのと同じ原理だ。

## 茶畑やミカン畑はなぜ山の斜面につくられるか？

東海道新幹線が静岡県に入ると、沿線に茶畑やミカン畑が広がるが、どの畑も平地でなく山の斜面につくってある。お茶もミカンも寒さに弱い植物だから、平地に植えた方が、風が吹き上げる斜面より暖かいように思えるが、なぜ斜面なのだろうか。

それは、夜になると、昼間温められた熱が地面から逃げ出し、平地に冷気が流れ込んでとどまるからである。斜面は夕刻には冷えるが、やがて冷気は下に降りていき、入れ替わって、昼間温められた平地の温かい大気が昇ってくる。最低気温の平均を取ると斜面の方が暖かい。

## 川のほとりに柳が植えてあるが、何かわけでも?

柳の根はヒゲ根といって細長く密集しており、川の流れに直接さらされても生育できる、水に強い樹木である。しかも、根が土を締めつけ水に流されるのを防ぐので、昔から水防の目的で、川の土手にたくさん植えられてきた。だから、大きなシダレヤナギだけでなく、カワヤナギ、ネコヤナギ、タチヤナギなどいろいろな種類が川岸に生えているのである。

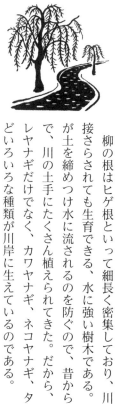

## 秋になると葉が落ちるのはなぜか？

動物は、食べものを消化吸収し排泄するが、植物にはその排出システムがない。しかし、生きている以上、老廃物が生じるので、それを捨てなくてはならない。そこで植物は老廃物を葉の中にため、1年に1回、落葉することによって捨てている。常緑樹も1年の寿命が終わると緑の葉のまま落葉する。竹やクスノキのように春に落葉する植物もあるが、日照時間の長い夏が終わった後、秋に、落葉する植物が圧倒的に多い。

## 紅葉は赤や黄の色素が新たにつくられるのではない？

鮮やかな紅葉を見ると、赤や黄の色素が突然あらわれたのではないかと思えるが、これらの色の成分であるキサントフィルやカロチンは緑色の成分のクロロフィルとともにもともと葉に含まれていたものである。陽射しの強い春から夏にかけては、緑色のクロロフィルが圧倒的に多いので他の色は隠されている。が、秋になると、クロロフィルは分解され、色あせるので、もともとあった赤色や黄色があらわれるのだ。

## モミジとカエデの違いは何か?

寺のモミジは秋になると境内を紅《あか》く染め上げる。が、よく見ると緑の木もある。そこで何となく、紅いのがモミジ、緑なのがカエデと思ってないだろうか?

真相はどうなのか。植物分類学でいうとモミジもカエデも同じカエデ属の樹木である。園芸の世界では、葉が深く切れ込んでいるものをモミジ、切れ込みが浅く数も少ないものをカエデといっているようだが、同時に、カエデ属の紅葉したものをモミジと呼ぶ場合もある。両者の違いは厳密ではない。だから、われわれ一般人としては、紅いのがモミジ、緑がカエデという、従来からの分類法でいいのである。

## 「柿の実がたくさんなった年の冬は寒い」のはなぜか?

「夕焼けの翌日は晴れ」「夏の夕立お天気続き」と天気のことわざはたくさんある。しかもよく当たる。その1つが「柿の実がたくさんなる年は寒さが厳しい」だが、なぜだろうか？　それは、柿がたわわに実るのは夏と秋の天気が順調だったからであり、夏と秋の天気がいいのは大陸の高気圧が大きく張り出していたからである。そんな年は、冬になっても、高気圧の勢いが衰えない。高気圧の勢いの強い冬は寒いのである。

## タンポポの茎は短い。しかし、綿毛タンポポになると長い。いつ伸びる？

タンポポというと黄色い花とふわふわの綿毛だが、同じタンポポなのに花と綿毛の茎の長さが2倍近く違っていることは知られていない。2倍になるのは、綿毛を遠くに飛ばすためだが、いつの間に2倍になるのだろうか。

よく観察していると、タンポポの花は2、3日咲いた後しぼんで倒れてしまう。種子をつくるため養分を使うからだ。種子ができると今度は茎がぐんぐん伸びて2倍近くになり、その後、種を遠くに飛ばすために立ち上がる。花がしぼんで倒れている間に茎は伸びていたのである。

## 植物同士も連絡を取り合っている。本当か？

本当だ。プラタナスに虫がつくと、葉の中に虫の嫌いなタンニンや石炭酸などがつくられ、葉そのものが虫にとって毒に変身することがアメリカの研究者によって明らかにされている。さらにその後の研究で、虫に襲われた木は警戒信号ともいえる物質を出し、他の木に虫の来襲を知らせていることがわかった。警戒信号の物質を感知した森や林の木は、葉にタンニンや石炭酸をつくって虫がつかないようにするのである。静かに立っているように見える樹木だが、フィトンチッド（殺菌力のある揮発性物質）を出したり、警戒信号を出したり、いろんなことをやっている。

## 食虫植物はなぜ、虫を食べなくてはならないか？

温室や室内で育てているのではわからないが、食虫植物の生育環境は高い山の高層湿原地帯と呼ばれるところが多い。気温が低く、水分はたくさんあるが清らかすぎ、落葉があっても分解するバクテリアがいない。こんなところに生えている植物はそのままでは栄養不足となる。そこで、虫を捕食して栄養を得ているわけだ。ウツボカズラなどを見ればわかるが、虫を食べるといっても、粘液で逃がさないようにし、消化液でゆっくり分解吸収するのである。

## 夕立の雨はなぜ、あんなに超大粒か？

夕立は入道雲が広がって降る。入道雲はカミナリをともなう雲である。稲妻が走り雲は帯電している。そんな雲から降ってくるのだから、雨粒も帯電している。当然、雨粒同士のプラス側とマイナス側が引き合ってくっつく。どんどんくっついて、やがて超大きな雨粒になる。そんな雨粒が狭い範囲に集中するので、滝のような雨になる。

## 田舎の空気はなぜ、おいしいか？

田舎の空気がおいしいのは、排気ガスに汚染されていないからだけではない。緑によって、新鮮な空気がどんどんつくられているからである。植物は二酸化炭素を吸収し酸素を捨て、動物は酸素を吸収し二酸化炭素を捨てているが、都会は、緑が少なく人口が多いのでこのバランスがくずれている。

高さ10メートルの樹木で、6人分の酸素が供給されるが、そんな大木がたくさん生え、草が生い茂っている田舎では新鮮な空気がどんどんつくられているのである。

## 山で飲む渓流の水は、なぜうまいか？

渓流の水がうまいのは、のどが渇いているからだけではない。水そのものがうまい。うまい水の3条件は「味」「香り」「温度」だが、渓流の水はまず、ミネラル分と二酸化炭素がその「味」をつくっている。湯冷ましの水がまずいのは、沸騰したとき二酸化炭素が逃げ出すからだ。「香り」は水の鮮度とイコールである。新鮮な水ほどいい香りがする。都市の水道水は貯蔵されたダム水を使っているので鮮度がない。その上、消毒のため塩素を大量に入れてある。

そして「温度」だが、これは水の冷たさである。体温マイナス25度が一番おいしく感じる温度とされる。渓流の水はまさに10度前後。三拍子そろっている。

## 「3つの富士山」があるとはどういうことか？

「3つの富士山」とは、富士山のような山が3つあるというのではなく、本物の富士山が3つあるという意味だ。

これは、富士山の研究で知られる津屋弘達博士が指摘するまで地質学者でさえ知らなかった。「3つの富士山」のうち、最初の富士は70万年前に噴火してできた小御岳《こみたけ》である。この火山は現・富士山（新富士）の噴出物で埋められてしまったが、今の小《こ》御嶽《みたけ》神社が頂上だった。次に、数万年前にその南側が噴火し、標高2700メートルの古富士ができた。そして、1万3000年前に古富士の山頂付近が噴火して現・富士山ができたのである。現・富士山はその後も噴火を続け、噴出物が2つの古い富士山を覆ったので、津屋博士が気づくまで、人々は、富士山はただ1つの山と思っていたのである。

## 車で激しいカミナリにあったらどうすべきか？

海水浴場の駐車場などで激しい雷雨に遭遇すると、日頃冷静な人でもちょっと慌てるだろう。周りに建物も何もない広場の駐車場だったら、どこに避難したらいいか。鉄製の車に落雷する確率は非常に高いように思ってしまう。が、心配はいらない。車に落雷しても電流は車体の表面を通って地面に逃げるので、中の人は感電しないのだ。

## 送電線に止まっている鳥が感電しないのはなぜか？

高圧電線にヤマバトが止まっている。平気の平左《へいざ》でホーホーと鳴いている。なぜ感電しないのだろうか？　それは、電線の鳥には電流が入っても抜けるところがなく、電気が流れないからである。流れなければ感電しない。ちぎれた電線に触れた人が感電するのは、体を伝わって地面に電流が抜けるからである。電気が流れる。だから、電気工事の作業者は、絶縁したハシゴに乗り、電流が流れないように備えて仕事をしている。

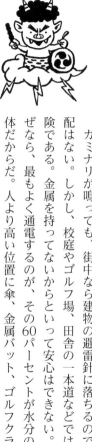

## カミナリは金属を持っていなくても落ちてくる？

カミナリが鳴っても、街中なら建物の避雷針に落ちるので心配はない。しかし、校庭やゴルフ場、田舎の一本道などでは危険である。金属を持ってないからといって安心はできない。なぜなら、最もよく通電するのが、その60パーセントが水分の人体だからだ。人より高い位置に傘、金属バット、ゴルフクラブなどがあればそこに落ちるが、なくても落ちる。カミナリが近づいてきたらできるだけ姿勢を低くして避けるのがよい。

## 川の水は、どこから絶え間なく流れてくるか？

日本の河川は、大陸の河川に比べ急流で距離も短い。にもかかわらず、絶えることなく流れてくる。雨量が多いので当然ともいえるが、流れる量も多く勢いも強いので、上流に「貯え」がなければ涸《か》れるのではないかとも思える。事実はどうなのか？

現在、日本の大きな河川はダムに貯水されているので心配はないが、ダムができる以前でも、川には水がたっぷり流れていた。その水がどこにあるかというと、主に、山林と水田である。都会にいては想像できないが、日本の森林は奥深く広大だ。雨はこの森に貯えられ、また米づくりの間は水田に貯えられる。そして、途切れることなく流れ出すのだ。

## 空はなぜ、青いか？

空が青いのは青い光が空に満ちているからである。しかし、太陽からは紫、藍、青、緑、黄、橙、赤といろんな色の光が来ているのに、なぜ、青い光が空に満ちているのだろうか。他の色はどうなったのか？

それはこんな例で考えるとわかりやすい。海でボートをこいでいるとき、沖を大きな船が通ると波を受ける。水面を見ていると、大きな波はボートを揺らして進んでいくが、小さな波はボートに当たって砕ける。同様に、太陽光のうち、波長の短い青系統の光（小さな波）は大気の分子にぶつかって散乱し、散乱した光が空に満ちる。だから空は青い。一方、波長の長い赤系統の光（大きな波）は散乱しないのでわれわれのところまで届く。そのため太陽は赤っぽい橙色に見えるのである。

## 「地球が青かった」のは海のせいではない？

宇宙飛行士のガガーリンが見た地球が「青かった」のは海が青いせいだろうか？そうではない。地球を取り巻く大気が青く見えたのである。大気を地上から見ると「空」だが、宇宙からも「空」が外側から見え、やはり青い。青いのは、大気の微粒子に波長の短い青が散乱されるからだ。散乱された青い光が地球を包んでいる。

## 秋になると台風が頻繁にやってくる。なぜか？

台風は熱帯低気圧が発達したものだ。自分で進む方向を決めることはできない。阻むものがあれば、その方向には進めず、阻むもののない方向に進もうとする。日本列島付近は春から夏にかけては太平洋高気圧にすっぽり覆われるので台風は近づくことができない。通路がないのだ。ところが、秋になると高気圧の勢いが弱まり台風の通路ができる。冬になるとまた日本列島は高気圧に覆われるので近づくことはできない。だから秋に集中する。

## 高気圧は好天気、低気圧になるとくずれる。なぜか？

高気圧は周りの気圧より高い。気圧が高いと大気が押し出され、（北半球では）時計まわりの風が外に向かって吹き、入れ替わりに上空から大気が降りてくる。逆に低気圧では、気圧が低いので反時計まわりの風が吹き込み、押しやられた大気は上昇気流となって上に昇る。日本は海に囲まれているので、上昇気流は海面から昇り、水分をたっぷり含んでいるので雨雲となる。低気圧で天気がくずれるのはこのためである。他方、高気圧では、上空から降りてきた大気が水分の多い大気を外に押しやるので好天気となる。

## 夕焼け小焼けの翌日は、なぜ晴れか？

太陽光のうち、波長の短い青系統の光は、大気の分子に当たって散乱するので、地上のわれわれには波長の長い赤系統の光が主に届く。このため昼間の太陽は、赤っぽい橙に見える。

夕刻、太陽が地平線近くに沈むと、太陽光はさらに厚い大気の層を通過してくるので赤系統の中でも波長のより長い赤い光が届く。夕焼けだ。夕焼けになるとき地平線に沈む太陽からの光は、途中で西の空の厚い雲に遮られることなく届いている。西の空に遮る雲がない。日本の天気は西から変わるので、西の空に雲（雨雲）がなければ次の日は晴れる。

## 金星は「宵《よい》の明星」になったり「明けの明星」になったりする。なぜか？

日没後、ひときわ明るく輝く「宵の明星」は金星である。また、明け方に輝く「明けの明星」も金星である。なぜ、宵の明星になったり明けの明星になったりするのか。

それは、太陽の周りを公転している金星が、太陽が真南に来たとき、向かって左にあるか右にあるかによって違ってくるからである。左にあれば、夕刻、太陽が沈んだ後に金星が沈むので宵の明星になる。逆に、右側だと金星が沈んだ後太陽が沈むので、金星は見えない。しかし、明け方は、金星が先に出て輝き、次に太陽が昇るので明けの明星となる。だから、1年のうち約半分は宵の明星、残り半分は明けの明星となる。

## 夜、車で走っていると月が追ってくる。なぜだろうか？

夜、車で走っているとき、月が追ってきたことはないだろうか。車は走り去っているのだから、月が追ってくるのはおかしい。なぜ追ってくるのだろうか？

それは錯覚である。月と地球の平均距離は約38万キロメートル、これくらい遠いと車でどんなに走っても、月の見える位置は変わらない。同じところに見えているハズである。ところが、地上の景色は車のスピードでどんどん後ろに行く。そのため、われわれは、月も景色と同じように、後ろに行くべきと思ってしまう。が、実際は、前述のように、月はいつも同じところにいる。そこで、われわれは勝手に、「月は追いかけてきているから同じところにいる」と思う。そう思った瞬間、本当に「月が追いかけてきている」ように見えるのだ。だから錯覚である。

# 6章

# なぜ「魚は殿様に焼かせろ」といわれるか？

【食べもの】雑学

## 焼酎は冷凍室に入れておいても凍らない？

缶ビールを冷凍室に入れたまま忘れると凍ってコチコチになる。しかし、焼酎は入れておいても凍らない。冷たくなるだけである。この違いは含まれているエチルアルコールの濃度の差。エチルアルコールが凍るのはマイナス114度だから、アルコール濃度の高い酒ほど凍りにくい。日本酒のアルコール濃度は15パーセントくらい、ウイスキーは38パーセント、焼酎は40パーセント、ウオッカは55パーセントだ。ウイスキー以上の濃度だと冷凍室で凍らない。

## 電子レンジで生卵をチンすると爆発するか？

電子レンジの使用注意書きには、「卵を殻つきのままかけると大爆発する」と書いてある。さらに「大爆発するのは黄身が先に固まって膨張するため」と説明があるが、それだけのことで大爆発するのだろうか。

熱を加えて固まる温度は黄身が65度~70度、白身は80度以上である。卵をゆでる場合は、外側からジワジワ加熱するので、まず白身が固まり、その後、黄身が固まる。固まった白身が黄身を包んでいるので安定している。ところが、電子レンジの場合は、電波が、黄身にも白身にも同時に届くので、白身がまだドロドロの状態のとき、黄身が先に固まって膨張する。そのため白身が圧迫され爆発するのだ。

## なぜ、英語でRのない月はカキを食べない方がいいか?

英語のスペルでRのない月とは、5月(May)、6月(June)、7月(July)、8月(August)だが、この時期は、食中毒が怖いだけでなく、真ガキの繁殖期に当たり、産卵のため体内の栄養分を自分で消費する。たんぱく質、亜鉛、ミネラル、カルシウムなどさまざまな栄養分がたくさん含まれているカキだが、それらが激減しているのだ。ただし、日本海で採れる岩ガキは真ガキと異なる種類なので、夏でも栄養たっぷりでうまい。

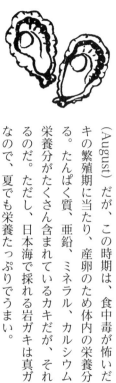

## なぜ「魚は殿様に焼かせろ」といわれるか？

せっかちだと非常にまずい焼き上がりになるからだ。

せっかちは、途中で焼き加減が気になって何度もひっくり返してしまう。身が固まらないうちに触ると身がくずれるだけでなく、表面に浮き出た脂が火に落ちて燃え上がり汚くなる。焦げることもある。とにかく、触りまくると焼き魚はうまくない。殿様のように、おっとりかまえて、ゆっくり、じっくり焼くのがよいのである。

## 海苔《のり》をあぶるのはパリッとさせるためではない？

焼き海苔を火であぶるのは、乾燥させパリッとさせるためと思っていないだろうか。
それなら、にぎりに巻く海苔は、どうせ湿ってしまうのだから、あぶる必要はない。
しかし、ちゃんとあぶって巻くのが正しい。なぜか？
それは、熱を加えることによって海苔の細胞を壊し、風味やうま味を引き出すのが目的だからである。そのついでにパリッとする。また、熱を加えるとアミノ酸と糖分が反応し香りも強くなる。ただ、焼きすぎると風味が落ちるので、2枚重ね（1枚なら半分に折る）にして片面だけをさっとあぶるのがいい。

## 焼きいもは蒸《ふ》かしいもより甘い。なぜか？

サツマイモはいろんな食べ方があるが一番甘いのは石焼きいもだろう。どうしてあんなに甘くておいしいのか。サツマイモを生でかじってみると甘味はほとんどない。ところが、加熱すると含まれているアミラーゼがでんぷんを糖分に変えるので甘くなる。このアミラーゼの働きが一番強くなるのが60～70度くらいの間、この温度帯に長くいもを置いていると甘味は強くなる。それが石焼きいもだ。

## 甘酒は、なぜ夏の季語か？

甘酒というと、最近は、初詣に行った神社でよくふるまわれるので冬の飲み物と思われている。体も温まる。しかし、もともとは冬でなく夏の飲み物だった、というと意外に思うだろう。

江戸時代には、冷やしたものを暑気払いに飲んでいたのである。その証拠に、俳句で甘酒といえば夏の季語である。ビタミンB群をはじめアミノ酸、ブドウ糖など栄養がたっぷり含まれ夏バテ対策にも飲まれていた。酒といってもアルコール分はわずかなので誰でも気軽に飲むことができた。

## 絹ごし豆腐と木綿豆腐、どっちが栄養豊富か？

絹でこしたのが絹ごし豆腐、木綿でこしたのが木綿豆腐と思っていないだろうか。そうではない。絹ごし豆腐は濃いめの豆乳を型箱に入れ、凝固剤を加えてそのまま自然に固めてつくったもの。絹は使わない。他方、木綿豆腐は木綿の布を敷いた型箱に凝固剤を混ぜた豆乳を入れ、固まり始めたところで上に重しを置く。木綿の跡が残るので見ためも木綿豆腐となる。木綿豆腐は重しで余分な水分を押し出すのでカロリーもたんぱく質も絹ごし豆腐よりは豊富だ。

## なぜ、宵越しのお茶を飲んではいけないか?

ペットボトルのお茶を飲む人には関係ないが、湯でお茶を入れて飲む場合、あまり時間を置かない方がいい。緑茶に含まれるタンニンには殺菌作用があるが、一晩置いた出がらしにはタンニンがなくなっているからだ。このため玉露《ぎょくろ》や煎茶《せんちゃ》などたんぱく質をたくさん含んでいるお茶は腐りやすくなっている。腐ったお茶は体によくない。

## ワカメの味噌汁は日本人にとってとても大切。なぜか?

味噌汁の具で栄養学的にすすめたいのはワカメだ。味噌の原料の大豆は、健康にいいことずくめだが、食べすぎると甲状腺異常を招く物質が含まれている。ただ、この物質はヨウ素と一緒に取ると消されるので、味噌汁にはワカメを入れるのがいい。

実際、日本人は世界一といってもいいほど大豆食品を食べているのに甲状腺異常は少ない。それは煮豆にコンブ、大豆とヒジキの煮物、湯豆腐のコンブというように大豆食品と海草をセットで食べているからだ。

## タマネギは冷蔵庫の野菜室に入れておくと切っても涙が出ない？

ベランダのかごからタマネギを持ってきて、ザクザク切ったはいいが涙また涙で手元が見えなくなってしまう。涙のもとは細胞に含まれているアリルプロピオンという物質。蒸発しやすいので切るとパッと空中に飛び散る。実は、このアリルプロピオン、温度が低いと蒸発しにくくなるので冷蔵庫で冷やしておけば〇Ｋ。しかも、水に溶けやすいので、切って、さっと水に放てば涙は出ない。暖かいベランダに置いていたタマネギを、切れない包丁でザクザクやると涙が止まらなくなる。

## ジャガイモのダンシャクイモはなぜ「男爵」か？

ジャガイモは、１６００年前後にインドネシアのジャガタラからオランダ人が日本に持ってきたのでジャガタライモだったが、やがて、縮まってジャガイモとなった。
ジャガイモの品種で人気のあるダンシャクイモは１９０８年、北海道の函館ドック
という会社の役員だった川田男爵がイギリスからアイリッシュ・コブラーという品種
を持ち込んで栽培したのが始まり。「男爵がつくったイモ」がダンシャクイモとなっ
たのだ。

## キュウリは、なぜ「キュウリ」というか？

キュウリは収穫しないでおくと黄色く熟れる。昔は、これを食べていたので「黄瓜」といっていたが、これが音転化してキュウリとなった。キュウリは漢字で「胡瓜」とも書くが、胡椒《こしょう》、胡麻《ごま》などのように「胡」がつくのはシルクロード経由で伝来したからである。最初は、黄色くなってから食べていたが、そのうちシロウリやマクワウリといったおいしい黄色いウリが入ってきて人気がなくなった。そこで、青いうちに採って、みずみずしさを食べるようになった。

## 大根のぬか漬けを、なぜ「たくあん」というか?

たくあんのような大根漬けは平安時代からつくられており、長持ちするので「たくわえ漬け」と呼ばれていた。これを、江戸時代に、京都・大徳寺出身の沢庵《たくあん》和尚が三代将軍徳川家光との因縁で品川の東海寺住職となったあとに広めたといわれている。家光が東海寺に立ち寄ったとき、出された「たくわえ漬け」を口にして、「これはたくわえ漬けにあらず。沢庵漬けなり」と命名したという話が伝わっている。干してやわらかくなった大根を米ぬかと塩に漬けたものがそもそものたくあんである。唐辛子や昆布を一緒に漬けたものもある。

## 夏の人気魚キスは、なぜ、江戸時代には超高級魚だったか?

沿岸で釣れるシロギスは夏の大衆魚の代表といっていい。人気抜群だ。刺身によし、焼いてよし、天ぷらにしてよしだ。しかし、この魚、江戸時代は庶民の手が届かない超高級魚だった。簡単に、たくさん釣れる魚なのに、なぜだろうか？　それは、毎朝、将軍の食膳にのる魚だったからである。焼き魚2匹と煮魚2匹が一年365日出された。ほかにもいろんな魚がいるのに、なぜ毎日、キスだったかというと、キスを漢字で書くと「鱚」となり、魚偏《うおへん》に「喜」だからである。めでたくて縁起がよいと考えられたのだろう、と歴史家の樋口清之氏の著書に書かれている。

## おせち料理は、なぜ重箱に入れるか？

おせち料理とは、昔は、季節の変わり目の節日《せちび》（節句）に食べる料理だったが、最近では、正月の料理だけを指すようになった。祝いのメニューは、お屠蘇《とそ》、祝い肴三種、雑煮、煮しめで、このうち三つ肴と煮しめは重箱に詰める。三つ肴は、関東は田作り、数の子、黒豆、関西ではたたき牛蒡《ごぼう》、数の子、黒豆が基本。重箱に詰めるのは、めでたさを重ねるので縁起がいいからである。雑煮も同じ理由からおかわりするのがよいとされている。

## 正月には、なぜ真ん中が太い柳箸《やなぎばし》を使うか？

正月は、ふだんの箸と違って両端が細く真ん中が太い柳箸を使う。これは「晴れの箸」といって祝いの席で出されるものである。両端が細くなっているのは、一方を自分が使い他方を神様が使うため。めでたい席で神様と一緒に食事をするのは、日本人の伝統的な思想である。また、柳箸を使うのは、柳が霊木だからだが、同時に腰が強く折れにくいという利点もある。祝いの席で箸が折れるのは縁起が悪いからだ。

## 雑煮の餅は、なぜ関西は丸餅、関東は角餅か？

おおざっぱにいうと、北陸の新潟県糸魚川《いといがわ》市と東海の静岡市をむすぶ直線から西は丸餅、東は角餅というところが多い。西日本の丸餅は歳神様の新しい「トシダマ（生命力）」をさずかるという意味が込められている。だから玉のように丸い。東日本の角餅は、もともと東国の武士が戦さに持っていく携帯食だった。伸し餅を小さく切って何個か持った。といっても、丸餅か角餅かは例外が多く、西にも角があり、東にも丸がある。

## こどもの日に、なぜかしわ餅を食べるか？

5月5日は端午《たんご》の節句である。カシワの葉でくるんだかしわ餅は、端午の節句の贈り物として江戸時代中頃に江戸でつくられ、参勤交代で全国に広まった。カシワは落葉樹だが、秋に葉が枯れても、春に新芽がふくらむまで落葉しない。そのことが、家の跡継ぎが代々続くことにつながり縁起がよいとされた。また、雨にも負けず、風にも負けず、葉を落とさないので「元気な子」にもつながると、現代風に解釈されてもいる。

## ぼた餅とおはぎは同じか、ちがうか？

ぼた餅は「ぼたんの餅」だから春、おはぎは「はぎの餅」だから秋だが、ちがうのは呼び名だけではない。あんが違う。

春のぼた餅は豪華絢爛《けんらん》に咲く牡丹《ぼたん》の花に見立て、冬を越した小豆の固い皮を取り除き、こしあんにしてぽってりと大きなものをつくる。これに対し、おはぎは気の利いた萩の花のように、取れたての小豆の新豆を使い、皮ごとつぶあんにして小ぶりにしっかりつくる。きな粉餅もぼた餅は大きく、おはぎは小ぶりにつくるのである。

## 目には青葉　山ホトトギス　初カツオ

なぜ初夏にカツオを食べるかだが、これは江戸っ子が始めたことだから、江戸の事情を知らなくてはならない。当時、旧暦5月（今の6月）になると鎌倉沖でカツオ漁が解禁になったが、それを待っていられないと、江戸っ子は三浦半島沖のカツオ漁場に舟を出し2両くらい（約10万円）をカツオ船に渡し、カツオを手に入れていた。もちろんこれは金持ち町人の話だ。これが初カツオである。金持ち町人だけでなく、カツオは鎌倉街道を通って江戸にどんど

ん運ばれた。その日に釣ったカツオをその日のうちに早飛脚で江戸に運んだものは夜着くので夜鰹《よるかつお》といって人気を博した。こんな江戸のカツオ事情を詠んだのが山口素堂《そどう》の「目には青葉　山ホトトギス　初カツオ」である。

本書は、新講社より刊行された『子どもにウケるたのしい雑学』『子どもにウケるたのしい雑学3』を、文庫収録にあたり、再編集のうえ、改題したものです。

坪内忠太（つぼうち・ちゅうた）
1946年岡山県生まれ。慶應義塾大学卒。著述家。書籍編集のかたわら、「雑学」を収集。その知識を駆使して、累計65万部超のベストセラー『時間を忘れるほど面白い雑学の本』（竹内均・編／三笠書房《知的生きかた文庫》）シリーズの執筆にも協力。著書に、『アタマが1分でやわらかくなるすごい雑学』『日本語おもしろ雑学』（以上、三笠書房《知的生きかた文庫》）、『日本語雑学で「脳の体操」』『生きものの謎クイズ』（以上、新講社）の他、多数ある。

知的生きかた文庫

1分《ぶん》で子《こ》どもにウケる
すごい雑学《ざつがく》

著者　坪内忠太《つぼうちちゅうた》
発行者　押鐘太陽
発行所　株式会社三笠書房
〒一〇二-〇〇七二　東京都千代田区飯田橋三-三-一
電話〇三-五二二六-五七三四〈営業部〉
〇三-五二二六-五七三一〈編集部〉
https://www.mikasashobo.co.jp
印刷　誠宏印刷
製本　若林製本工場

ISBN978-4-8379-8722-2 C0130